大使が語るリトアニア

オーレリウス・ジーカス

JN129174

星海社

311

SEIKAISHA SHINSHO

はじめに

25年前、私は金沢大学への留学で初めて日本に参りました。私は自己紹介するとき、いつも名前の次に出身国を言いました。

「初めまして、ジーカスです。リトアニアから来ました」

そうすると、すぐに質問が出てきます。

「え？　り……り……リビアですか？」
「シベリアですか？」
「そ、その国は結局、どこでしょうか？」

1998年当時、8年前に地図に現れた国であるリトアニアを、日本ではほとんど誰も知らなかったのです。

その後、2022年に駐日リトアニア大使として日本に戻った私は、仕事のミッションとしてさまざまなところで、さまざまな方法でリトアニアのことを語り続けています。学校や大学を訪れるほか、商工会議所、ロータリークラブ、ラジオ、テレビ、新聞、SNSなどを通じて我が国の知名度を高めています。

嬉《うれ》しいことに、2024年の今、多くの日本人は、少なくともリトアニアの名前を知っています。「ヨーロッパの国」「バルト三国の一つ」など、ある程度の知識もあります。リトアニアと縁のある杉原千畝《すぎはらちうね》の名前もよく出ます。特に、ロシアによるウクライナ侵攻が始まってから、日本人は新たに東欧を再発見し、興味津々です。だって、リトアニアはウクライナととても長い歴史を分かち合っていますからね。

ただし、未だにラトビア、エストニアと間違われやすいし、「リトアニアの言葉って何語でしょう?」「山ってありますか?」「あれ、リトアニアはもうEUに加盟したっけ!?」というような質問をよくいただいています。はい、EUには20年前に加盟しました。

遠い国同士、お互いを知るのは難しいですね。なんなら我が国でも、日本、韓国、中国を一緒に扱うリトアニア人が多いようです。日本には、黒澤明《くろさわあきら》監督の映画のようにサムライとゲイシャが町を歩いていると想像するリトアニア人も少なくないでしょう。

そこで、少しでもリトアニアでの日本の認知を広めるために、２０１６年から２０２２年にかけて、私はリトアニア語で三冊の本を出版しました。その一冊目はリトアニアでベストセラーになり、三冊目は「日本への観光客の聖書」と呼ばれています。この度、新しい挑戦として、この『大使が語るリトアニア』が生まれました。リトアニア人が日本語で書いた本として、個人的な思い出や経験も含めて、私が感じるままのリトアニアについてお伝えします。

一般的な国の入門書のように、本書も決まったテーマ（「自然」「歴史」「文化」「現在」など）の章からなります。でも、決してリトアニアの百科事典ではありません。半分遊びながら学べるリトアニアの雑学です。覚えやすくするために章の中でさまざまなキーワードを使います。文章中のキーワードにご興味があったら、途中で別のページに飛んでも構いません。今回、日本語のそれぞれの仮名（あいうえお）にちなんだ48のキーワードに基づいてこの本を執筆しました。ＡＢＣ、いろはのようにリトアニアを勉強しましょう。

よろしくお願いいたします！

目次

はじめに 3

第1章 リトアニアの象徴とアイデンティティ 13

あ アイデンティティ Tapatybė《タパティーベ》 北欧、西欧、東欧が交わる十字路 14

な 名前 Pavadinimas《パヴァディニマス》 「雨の国」が名前の由来!? 19

る ルータ Rūta 国花、国鳥、国木 23

を リトアニア語 Lietuvių kalba《リエトゥヴィウー カルバ》 サンスクリット語と共通点の多い古い言葉 26

ほ ボール Kamuolys《カムオリース》 第二の宗教となる国技のバスケットボール 29

お　穏やか　Ramus《ラムス》　リトアニアを象徴する国民性　32

ゆ　勇気　Drąsa《ドラーサ》　リトアニアのもう一つの姿　37

第2章　リトアニアの宗教と年中行事　41

ろ　ロムヴァ　Romuva　現代に残るリトアニアの古代自然崇拝　42

し　十字架　Kryžius《クリージュス》　「十字架の国」の無形文化遺産　45

い　イースター　Velykos《ヴェリーコス》　冬の終わりを告げるお祭り　49

よ　ヨハネの日　Joninės《ヨーニネス》　北欧の夏至《げし》祭は有名　53

ゑ　ヴェーリネス　Vėlinės　リトアニアのお盆「死者の日」　57

く　クリスマス　Kalėdos《カレードス》　リトアニアのクリスマスは日本の大晦日《おおみそか》のよう　60

第3章 リトアニアの自然 65

へ 平野 Lygumos《リーグモス》 リトアニアには山がほとんどない 66
も 森 Giria《ギリャ》 リトアニアは森の国 70
ぬ 沼 Pelkė《ピャルケ》 リトアニアを敵から守った自然の沼 75
ね ネリヤ Nerija ドイツとリトアニアの文化が融合した世界遺産の海岸部 77
き 季節 Metų laikai《ミャトゥー ライカイ》 寒いだけじゃない！ リトアニアの四季と年中行事 83
さ サウナ Pirtis《ピリティス》 フィンランドとは違うリトアニア式サウナ 88

第4章 歴史、観光、日本とリトアニアの絆 93

け ケルナヴェ Kernavė 一見地味だけどリトアニア最古の時代がわかる世界遺産 95

た　大公国　Didžioji《ディジョイ》 kunigaikštystė《クニガイクシティーステ》　リトアニアは欧州最大の国だった　98

と　トラカイ　Trakai　3つの城を持つリトアニアの古都　103

ゐ　ヴィリニュス　Vilnius　リトアニアの首都にして古都　107

ふ　福沢諭吉　Jukičis Fukudzava　日本で初めてリトアニアの記録を残した人物　111

か　カウナス　Kaunas　ジーカス大使の故郷にしてリトアニア第二の都　115

す　杉原千畝　Čiunė Sugihara　日本とリトアニアを結んだ人物　120

第5章　リトアニアの食文化

125

や　野生　Laukinis《ラウキニス》　みんなが森でベリーやキノコを採り、自然に近いものにこだわっている　126

む　麦　Javai《ヤヴァイ》　リトアニアの麦はライ麦　130

つ　ツェペリナイ　Cepelinai　とても手間のかかるジャガイモ料理の代表　134

に　乳製品　Pieno《ピエノ》 produktai《プロドゥクタイ》　リトアニアでは牛は家族!?　138

ひ　ビーツ　Burokėlis《ブロケーリス》　リトアニアのソウルフードたる野菜　142

は　蜂蜜　Medus《メドゥス》　お茶にもお菓子にも、キュウリにも!?　145

の　飲み物　Gėrimai《ゲーリマイ》　ビール文化とウオッカ文化の重なる地　149

第6章　リトアニアの伝統文化と芸術　153

そ　素朴　Paprastas《パプラスタス》　素朴、シンプル、地味がリトアニアらしさ　154

こ　琥珀　Gintaras《ギンタラス》　リトアニア随一の名産品　157

り　リネン　Linas《リナス》　リトアニアの衣食住を支えた亜麻とリネン　161

わ　藁細工　Šiaudiniai《シェウディネイ》 dirbiniai《ディルビネイ》　世界に広がるリトアニアの藁アート　165

う　歌　Daina《ダイナ》　無形文化遺産にして独立の生みの親　168

ち　チュルリョーニス　M. K. Čiurlionis　リトアニアの精神を代表する画家　171

め　メカス　Jonas Mekas　世界で知られたリトアニアの名映画監督　175

第7章　現在のリトアニア　179

み　民主主義　Demokratija《デモクラティヤ》　リトアニアは民主主義の伝統が古い国　180

え　エネルギー　Energija《エネルギヤ》　独立時の教訓からエネルギー独立を目指す　184

れ　レーザー　Lazeriai《ラーゼレイ》　ソ連の数少ない良い遺産のひとつ　189

て　デジタル化　Skaitmenizacija《スカイトメニザーツィヤ》　IoTとフィンテックに強い国　192

第1章 リトアニアの象徴とアイデンティティ

Lietuvos simboliai ir tapatybė

あ　アイデンティティ

Tapatybė《タパティーベ》

北欧、西欧、東欧が交わる十字路

「リトアニアはどこですか?」

日本人に初めて会うたびにこの質問をされます。私はまず「ヨーロッパです」と答えます。次に「ヨーロッパのどこ?」と聞かれて、地理的な位置を説明すると、多くの場合「ああ、分かりました、**バルト三国**ですね」と反応されます。

バルト三国は、リトアニア・ラトビア・エストニアの3つの国の総称ですね。「リトアニアはバルト三国の一つ」という説明は、日本人には分かりやすいです。ただし、三つの小さい国が一緒に並んでいてややこしく、順番も覚えにくいでしょう。覚えるコツをお教えしましょう。友達から聞いた話では、日本人はアメリカの作家、エラリー・クイーンの「エラリー」で、つまり**エ**ストニア、**ラ**トビア、**リ**トアニアという風に北から南までの順番を覚えたりします。一番上に**フ**ィンランドも入れたら、「フェラーリ」で覚えやすいですね。

実は、「バルトの国」という言い方ができたのは、20世紀の初めです。当時、ロシア帝国から独立した（フィンランドを含めて）四か国を指す言葉でした。その後、第二次世界大戦後に再びソ連に占領された三つの国のサイズと経済力が似ていたので、ロシア語で「バルト海周辺（露語：Pribaltyka）」という概念が生まれました。その後、一緒に「**歌いながらの革命**（↓168ページ）」を起こして、後に独立を果たしたので、バルト三国という共同イメージが出来上がりました。

本音の話をしてもいいでしょうか。バルト三国の人々は、「バルト三国」という言い方はあまり好きではありません。確かにサイズも位置も似ているし、30年以上前に一緒に独立運動を起こしました。でも、それぞれの国が違う言葉、歴史、宗教を持っています。話し合うときはお互いに外国語である英語で話すしかないです。それを聞いて、多くの日本人が驚きます。同じように、地理があまり分からないリトアニア人も、日本を中国、北朝鮮と韓国と一緒に一括します。「え、中国人と日本人は言葉、違いますか？　でも、同じように見えるんじゃない？　お互いに全く通じない？」とリトアニアでよく言われますよ。

これを聞く日本人は怒るかもしれませんが、同じように、私も、エストニアやラトビア（場合によってはベラルーシやウクライナ）の独立記念日にお祝いの言葉をいただくのは、あまり嬉しくないです。それぞれの国に独自の文化やアイデンティティがあるので、ちょっとでも区別していただけると嬉しいです。

また、現地の人たちにとって「バルト三国」と言えば、「**旧ソ連**」という意味合いも感じられます。「ああ、旧ソ連の国ですね」ともよく言われますし、時々日本人にロシア語で話しかけられます。確かに50年間、バルト三国を含めて15か国が「ソ連」という刑務所に入っていましたが、それはすでに30年以上前の過去となっています。それぞれの国は独自の道を歩んで、苦い過去を忘れようとしています。だって、今の日本を、「旧大日本帝国」「旧占領国家」と呼ぼうとしないでしょう。ソ連が潰《つぶ》れた時に私は12歳で、暗い過去としてその時を覚えています。娘たちはその時代を想像もできないし、彼女たちにとってロシア語もちんぷんかんぷんの外国語となっています。

歴史が進むにつれて、暗い過去の記憶はなくなります。フィンランドも、だいぶ前から「旧ロシア」というイメージから離れて、現在、「**北欧**」の国としてのイメージが強くなりました。ソ連から独立したバルト三国も、北欧の**民主化**（↓180ページ）や福祉などのパターンを見習い、徐々に北欧に近づいてきました。リトアニアと他の北欧の国々に共通するのは、自然、女性のパワー、また生活や環境に対する「**穏《おだ》やかさ**（↓32ページ）」でしょう。ほかの北欧の人々と交流するとき、リトアニアと共通する価値観をよく感じますよ。

ただし、宗教の面で言えば、リトアニアは北欧の文化から少し離れます。北欧、エストニア、ラトビアでは国民の多くがプロテスタントなのに対してリトアニアは**カトリック**で、カトリック文化圏で東北の端っこに位置しています。リトアニアは中世からイタリア、オーストリア、チェコ、ポーランドなどのカトリック国のネットワークに参加し、価値や文化を分かち合っています。リトアニアの建築、美術には、イタリア、オーストリア、南ドイツなどカトリック圏のアーティストが多大に貢献したので、町並み、建物などにはその影響が明らかに感じられます。

リトアニア人は、その面で「**西欧の文明**」の一員であることを誇り高く思っています。13世紀（日本では鎌倉時代）に、当時自然崇拝《すうはい》をしていた（＝野蛮人と思われていた）リトアニアは、西欧と東欧、二つの文明圏の間にありました。当時の支配者は大きな選択をし、文明を――つまり文字、宗教、価値観を――東ではなく西から受け入れることにしました。それ以来、ラテン語とラテン文字、カトリックを受容し、「西欧」の一員

	西欧	東欧
文字	ラテン文字	キリル文字
中世の共通語	ラテン語	古代スラブ語
宗教	カトリック、プロテスタント	ロシア正教
建築	ゴシック＞ルネサンス＞バロック＞古典様式	ロシア正教会など

「西欧」と「東欧」を定義する文化

となりました。

リトアニアのもう一つの大事なつながりは、現在のポーランド、ベラルーシ、ウクライナとの関係です。ポーランド・リトアニア同盟国（別名「両民族国家」）は、バルト海から黒海まで及ぶ大きな「**中東欧**」地域をほぼ500年支配しましたので、言葉、宗教の多様性にもかかわらず、共通の文化が出来上がりました。その例は食文化、文学、クリスマスの伝統等々です。

面白いことに、エストニア人、ラトビア人と会ったリトアニア人は、共通の歴史の話はほとんどできません。せいぜい「ソ連時代は辛かったですね」くらいです。逆に、ポーランド人、ベラルーシ人、ウクライナ人に会うと、歴史の話は湧《わ》き起こります。

じゃあ、結局、リトアニアはどこか？

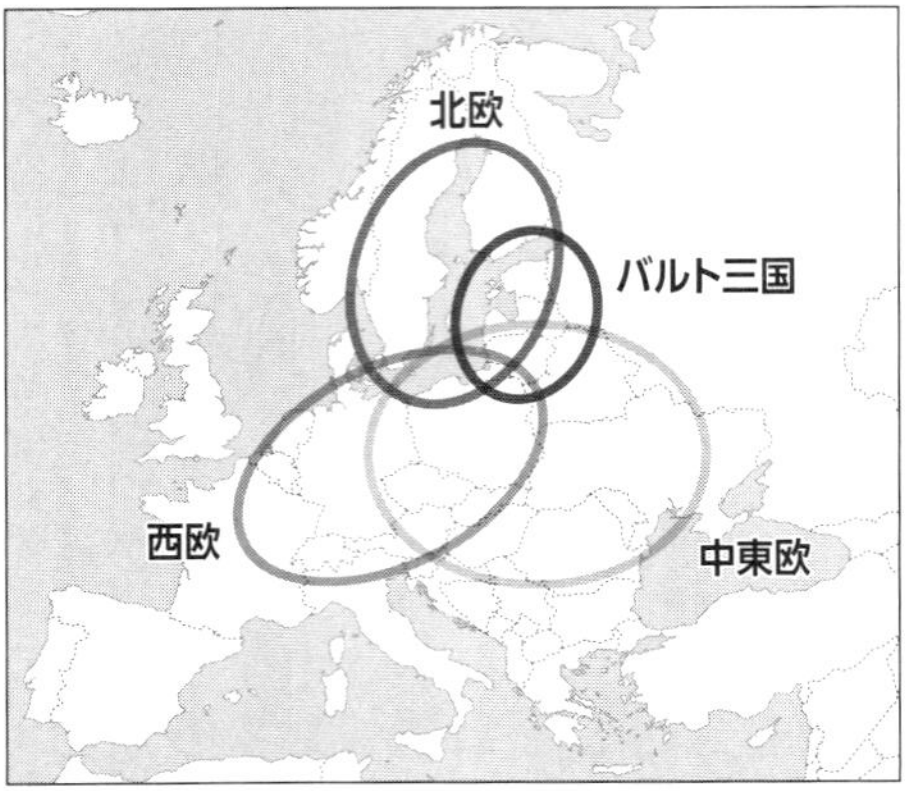

リトアニアが属するさまざまな文化圏

歴史上、「文明の十字路」と言えるほど特別な位置にあるのです。場合によって、「バルト三国」「西欧」「中東欧」「北欧」など、いろいろな答えがあっても全く間違いではありません。逆に、さまざまな地域の影響を受け、さまざまな国と価値観を分かち合い、仲良くできるのがリトアニアのアイデンティティの特徴でしょう。

な 名前 Pavadinimas《パヴァディニマス》

「雨の国」が名前の由来⁉

「リトアニア」という名前が初めて日本語で書かれたのは、おそらく18世紀末でしょう。1789年に福知山《ふくちやま》藩主にして蘭学者《らんがくしゃ》でもあった朽木昌綱《くつきまさつな》が出版した「泰西図説《たいせいずせつ》」は、ヨーロッパ総論、ヨーロッパ各国の地図などから成り、その中に「リタウエン」という国も載っています。これがリトアニアです。この時、リトアニアは独立した「リトアニア**大公国**（↓98ページ）」として存在し、現在のリトアニアに加え、現ベラルーシの国土も占めていました。この地図には、首都のヴィリニュス、カウナスなどの都市名も載っています。この「リタウエン」は「Litauen」で、現在もオランダ語、ドイツ語などで使われているリトアニアの名前のカタカナ表記です。

面白いことに、リトアニアの名前は、さまざまな言葉でかなりヴァラエティに富んでいます。オランダ、ドイツ系の「Litauen」と並び、英語の「Lithuania（リスエイニア）」、スラブ系の「Litwa（リトワ）」、フィン系の「Leedumaa（レートゥマー）」などがあります。

現在の日本語の呼び方である「リトアニア」は、ラテン系のLituania（リトゥアニア）に由来し、初めて「リツワニア」として言及されたのは1794年に出版された『北槎《ほくさ》聞略《ぶんりゃく》』に掲載された地図です。その後、「リスワニア」などの形を経て、現在の「リトアニア」になりました。

リトアニア人は、自分の国を「Lietuva（リエトゥヴァ）」と言います。この名前の由来は諸説あり、定説は残念ながらないのですが、最も分かりやすいのは「雨の国」です。接尾辞の「va」は古来の地名を表す

1794年『北槎聞略』の中でリトアニアが言及されている箇所

もので、現在の地名でもよく見られます。一方、頭の「Lietus」はリトアニア語で雨を意味します。ただし、この「雨の国」の説は、学問的な証拠はなく、おそらく正しくないでしょう。

「リトアニア」の名前が初めてヨーロッパの歴史的な資料に見つかるのは、1009年（日本では平安時代）です。もう千年以上、この名前は我が国の最も大事な象徴です。

一方、もう一つの大事な象徴であるリトアニア国章もとても古くて、中世から使われています。14世紀（日本では室町時代）以来、リトアニア大公国のシンボルとして使われたのは、赤地に白い騎士です。この騎士は剣で国を守っていて、ヴィーティス（Vytis）という特別な名前で知られています。この紋章は現在もリトアニアの国章として使われています。面白いことに、500年もリトアニア大公国の一部となっていた現在のベラルーシも、一時期、似たような国章を使っていました。

ヴィーティスを使った国旗は、リトアニア大公国の国旗として中世、近世にわたって長く使われて、現在は歴史的な国旗として知られています。18世紀末に大公国が独立を失っ

リトアニアの「歴史的な国旗」は現在も大変好まれて、「三色旗」と並んでよく使われます。公式な国旗ではなくても、大統領官邸を含む公の場でも使用されます。

てロシア帝国の一部となった際に国旗の使用を禁じられ、１００年以上が経った１９１８年にリトアニアが再び国家を復元したとき、新しい三色旗（Trispalvė）が生まれました。後に、１９４０〜１９９０年のソ連時代に禁じられた三色旗は、現在、全国の公の場で誇り高くはためいています。

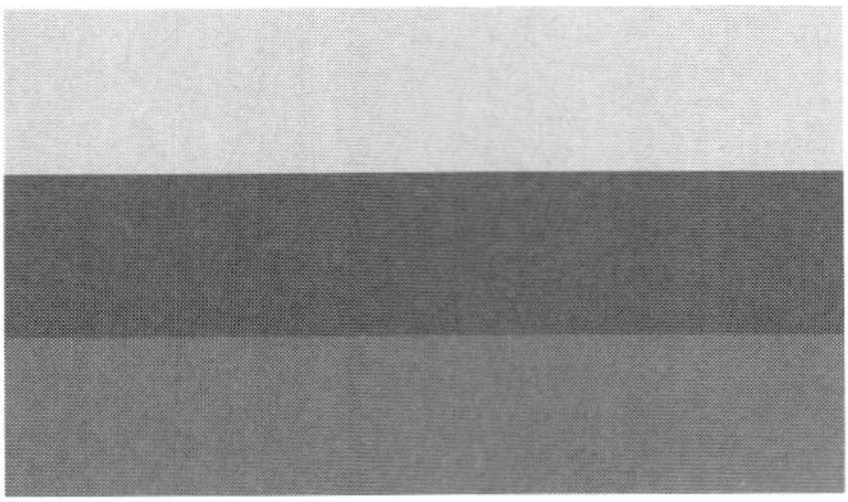

三色旗の色の意味は、上から太陽（黄色）、森（緑）、独立のために流された血（赤）です。

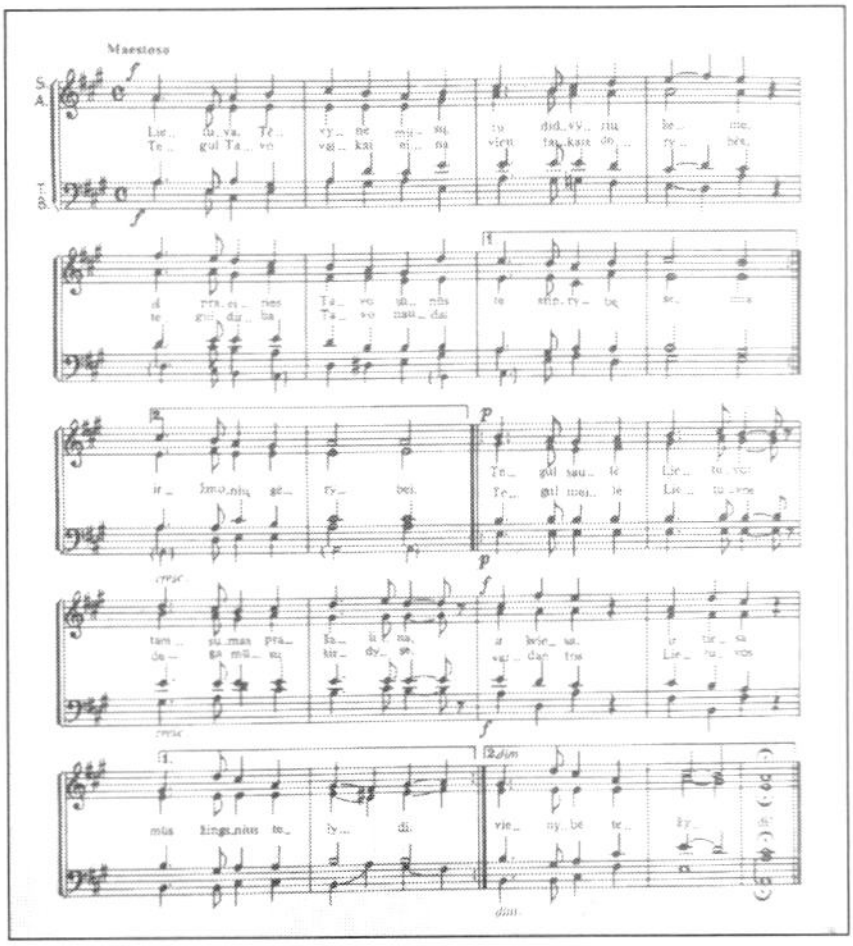

リトアニアの国歌は、「民族の歌」（Tautiška giesmė）と言います。1898年に有名な詩人のV・クディルカ氏によって作られ、1919年から国歌として使われています。

る　ルータ　Rūta

国花、国鳥、国木

コンピューターのルーターではありません。ルータはリトアニアにとって特別な意味を持つ花の名前です。リトアニア語ではRūta、学名はRuta graveolensで、日本語で正式にはヘンルーダと言います。植物学で蜜柑《みかん》の仲間です。

ヘンルーダは、南ヨーロッパからリトアニアに伝わって根付いた植物で、リトアニア文化の中で特別な花になりました。ボタン（pinavija）、ユリ（lelija）と並び観賞植物として庭などでよく栽培《さいばい》され、女性の処女、純潔の象徴とされました。私が子供の時、結婚式では女性がルータの花輪を付ける習慣がありましたが、最近は少しずつ消えつつありますね。ルータの花は多くの民謡に登場しますし、また独特な葉っぱ

ルータの花はちょっと地味ですが、葉っぱは独特な形を持っています。

の形は伝統的な木彫りと織物の模様によく見られます。ルータという女性の名前も人気です。

ルータはリトアニアの国花ですが、では国鳥は何でしょうか？ コウノトリ（Gandras）です。日本でも馴染《なじ》みのある鳥ですよね。

とはいえ、この説明をしたら一回、ある鳥類学者に怒られたことがあります。コウノトリ（学名：Ciconia boyciana）は東アジアに分布しているもので、欧州に住んでいる仲間はシュバシコウ（朱嘴鸛、学名：Ciconia ciconia）と呼ばなければいけないと。鳥類学者ではない私には区別はあまり分からないのですが、両方、幸せと赤ちゃんを持ってくる力を持っているらしいですよ。

シュバシコウは渡り鳥で、毎年秋に南方に飛び、春分の頃に故郷のリトアニアに戻ります。だから3月25日は「シュバシコウの日」として祝われます。そこで人々は巣を備え、シュバシコウを家に招いています。鳥のカップルが住み着いたら、「幸せの鳥」の名前の通

畑を歩いているコウノトリ
（シュバシコウ）

り、大きな幸せがありますよ。また、シュバシコウにまつわるさまざまな占いなどがあって、リトアニアの文化で大事な地位を占めている鳥です。

　また、リトアニアの国の木はオーク（ąžuolas）です。こちらも植物学的に正確に言えば、ヨーロッパナラ（学名 Quercus robur）です。樹齢が長く、大きくてとても堅いオークは、ヨーロッパの各地で大変大事にされ、リトアニアでは特に自然崇拝と密接な関係があります。昔は巨大なオークの下に祭壇《さいだん》が設けられ、いろいろな儀式が行われたそうです。日本の榊《さかき》のような神聖な木です。男性の強さを表すオークの葉っぱの模様はリトアニアの伝統芸術で好まれ、花輪はさまざまな場合に使われます。

ヨーロッパ最古のオークは、リトアニアのステルムジェというところにあります。樹齢はおよそ1500年です。

を

リトアニア語

サンスクリット語と共通点の多い古い言葉

Lietuvių《リエトゥヴィウー》 kalba《カルバ》

「を」という字はリトアニア語にはありません。リトアニア語にはひらがな、カタカナはなく、英語と同じようなラテン文字を使います。

ラテン文字は中世、西ヨーロッパからカトリックの宗教とともにリトアニアへ入りました。リトアニア語で書かれた資料は15世紀に初めて記録され、20世紀に標準語ができて、現在のリトアニア語は32文字を使って書かれています。

リトアニア語のアルファベットにはWとXの文字がなく、代わりにĄ（アー）、Ę（ヤー）、Ė（エー）、Į（イー）、Ų、Ū（ウー）、Č（チ）、Š（シ）、Ž（ジ）という文字が使われています。Ėはリトアニア語でしか使われていない独特な文字です。

リトアニア語はインド=ヨーロッパ語族の言葉です。もっとも、ヨーロッパで一般的なゲルマン系、ロマン系、スラブ系ではなく、バルト系です。唯一の仲間はラトビア語ですが、お互いに通じません。面白いことに、バルト三国のエストニア語は、リトアニア語と全く共通点がなく、むしろフィンランド語に近いです。

リトアニア語は日本語に比べて文字は少なくて簡単ですが、発音、文法の面で非常に難しいです。なぜかと言えば、長い孤立のために古い語形が数多く残されており、現存しているインド＝ヨーロッパ諸語の中で最も原語に近い言葉と言われるほどだからです。古代インドのサンスクリット語（梵語）との共通点も多いです。

例えば、消滅したラテン語、古代ギリシア語、サンスクリット語には、-as, -us, -es で終わる名詞が多く見られました。ローマ皇帝のアウグストゥス、ギリシアの哲学者のアリストテレス、インドのインダス川のように。この古い語尾はほかの言語から既に消えていますが、リトアニア語は男性の主格にいつも -s が付きます。Aurelijus Zykas という私の名前も例外ではありません。また、面白いことに、外国語の人名、外来語もリトアニア語に入ると、大抵、語尾として -s を付けます。「バイデン大統領」は「プレジデ

意味	リトアニア語	サンスクリット語
風	Vėjas	Vajus
火	Ugnis	Agnis
煙	Dūmas	Dhumas
息子	Sūnus	Sūnus
神	Dievas	Devas
新しい	Naujas	Navyas
古い	Senas	Sanas
あなたは誰？	Kas tu esi?	Kas twam asi?

リトアニア語とサンスクリット語の比較

ンタス・バイデナス」になり、「エルトン・ジョン」は「エルトナス・ジョナス」に、「お寿司」は「スシス」に変わりますね。

現在300万人弱の利用者しかいない小さなリトアニア語が、さまざまな占領下の時代を乗り越え、今まで生き残ったのは奇跡のようです。最も危険にさらされたのは、19世紀の帝政ロシア支配時代でした。ロシア帝国はリトアニア人をロシア化するため、強制的にキリル文字を使わせました。その時、リトアニア語の公式使用とラテン文字での出版が40年にわたって禁じられました。

それに対してリトアニア人は抵抗し、こっそりと言葉を守り、次世代に伝えました。当時の東プロシア（現在のカリーニングラード州）でリトアニア語の本と新聞が出版され、密輸《みつゆ》入《にゅう》してリトアニアの村々に配達されました。この密輸入者、自分の命を賭《か》けていた人たちは「クニーグネシース（Knygnešys、本を配る者）」と呼ばれました。また、禁じられた本を使ってお母さんたちが家庭で子供たちにリトアニア語を教え続けていました。これは「母の学校」として知

リトアニアの有名なクニーグネシース（本を配る者）

られています。

「本を配る者」クニーグネシースとお母さんたちのおかげでリトアニア語が今まで生き残って、現在リトアニア人の大事な誇りとアイデンティティになっています。いかに難しくても、いかに小さくても、言葉に対する尊敬を次世代に伝えなければいけません。

ほ　ボール　Kamuolys《カムオリース》

第二の宗教となる国技のバスケットボール

バスケットボール（Krepšinis）は、リトアニアで最も人気のあるスポーツにして、第二の宗教とよく言われます。大事なバスケの試合がある時、アリーナに何十万人もの人が集まって応援します。アリーナに入りきらなかった人は夢中でテレビを見て、叫んで、好きなチームが勝った時にみんなワイワイ遊んで飲みすぎます。もちろん、負けた時も飲みすぎます。リトアニアは普段、治安がとてもいいですが、大きなバスケの試合がある時だけは、外に出ないことをおすすめします。

　リトアニアの多くの子供の夢は、バスケの選手になることです。幼い子供たちはストリートバスケを始めて、少し成長してからプロチームに入ります。リトアニアの大きな都市にはそれぞれプロチームがあって、その中で最も重要なチームは二つです。首都の**ヴィリニュス**（↓107ページ）を代表する「リエトゥヴォス・リータス（Lietuvos rytas）」と第二の都市**カウナス**（↓115ページ）を代表する「ジャルギリス（Žalgiris）」です。

　これからはちょっと偏った話になりますが、私はカウナス生まれカウナス育ちです。なので、リトアニアの最もいいチームは「ジャルギリス」だと信じて疑いません。ジャルギリス専用の自前のアリーナも持っているし、選手もみんなカッコよく、ユニフォームの色も白緑で素敵です。ヴィリニュスのチームの黒赤とは比較にもならないですよ。

　もちろんカウナスのチームが負けることもありますし、ヴィリニュスのチームを応援する人も多いですが、歴史を遡《さかのぼ》ると、間違いなくリトアニアのバスケの首都はカウナスです。第一次世界大戦と第二次世

カウナスにある「ジャルギリス」アリーナは、欧州トップクラスのバスケット専用アリーナの一つです（Augustas Didzgalvis撮影）

界大戦の間、戦間期のリトアニア共和国の首都カウナスではバスケが栄え、リトアニア男子チームは１９３７年と１９３９年、二回も欧州選手権のチャンピオンになりました。

また、ソ連時代末期にカウナスの「ジャルギリス」が特に強くなって、モスクワの「ＣＳＫ」チームと激しく競争していました。１９８５年から１９８７年にかけて、三回もソ連のチャンピオンになりました。この出来事はリトアニア国民にとってとても誇り高いことで、独立運動にもつながりました。それ以来、バスケはリトアニア人のアイデンティティの重要な部分になってきました。当時の選手は、大統領、首相と並んでみんなに知られていて、今でもヒーローです。

ソ連から独立してからも、３００万人のリトアニア人はリーダーシップを取って欧州選手権、世界選手権、オリンピックで金、銀、銅を何回もとりました。また、リトアニアの選手は世界の多くのチームで活躍しています。そのうち何人かは日本にいて、２０２２年からアラバルク東京というチームのヘッドコーチはリトアニア人のアドマイテ

2000	オリンピック（シドニー）	銅
2003	欧州選手権（スウェーデン）	金
2007	欧州選手権（スペイン）	銅
2010	FIBA世界選手権（トルコ）	銅
2013	欧州選手権（スロベニア）	銀
2015	欧州選手権（フランス）	銀

リトアニアの男子バスケットボールにおける重要な勝利

2010年にトルコで銅メダルを獲得したリトアニア男子チーム

イス（Adomaitis）さんです。
もちろん、リトアニアのスポーツはバスケだけではありません。独立から30年でリトアニアのアスリートは、オリンピックで金（6回）、銀（7回）、銅（13回）を獲得しました。最も強い分野は円盤投げ、水泳、射撃、近代五種です。

お 穏やか Ramus《ラムス》

リトアニアを象徴する国民性

穏やか、大人しい、落ち着いた、という三つの「お」で始まる言葉は、リトアニアの国民性の大事な特徴です。三つともリトアニア語のRamus（ラムス）という言葉で表現できます。

リトアニアはとても穏やかな環境に恵まれています。**平地**（↓66ページ）が多く、険《けわ》しい山がなくて、災害もほとんどなく、川がゆっくりと流れています。また、自然の彩りもとても大人しく、夏には空の青、雲の白、平野の緑が混ざり合って、冬はグレイのヴァラエティに富んでいます。この大人しい環境に似て、リトアニア人も建築、日常生活のものに穏やかな色、形を使っています。それは時々、**素朴**《そぼく》（↓154ページ）に近いです。

　このような考え方はリトアニアに限らず、広く北欧の文化とつながっています。例えば、「Lagom（ラーゴム）」というスウェーデン語が表す概念はそれに近いです。これは「ちょうどいい」という意味の言葉で、多すぎずお洒落《しゃれ》すぎずという考え方です。北欧のデザイン、インテリア、生活様式もこのアイデアに基づいています。いっぱいお金を使って、キラキラで豪華なものを作って見せつけるのは、北欧の文化ではありません。リトアニアのバロック教会はちょっと例外ですが、それでも南ヨーロッパのものと比べて地味です。

　日本とリトアニアを行き来すると、一番目につく相違点は、スペースの感覚です。日本にいると、いつも狭いところにいるという感じが離れません。日本の都市は建物に囲まれています。山に行くと、周りに山が見えます。逆に、リトアニアでは

リトアニアの穏やかな自然の風景

広々した平地を車で走ることに自由を感じます。時々、もったいないほど広くて何もない土地があります。人々が住んでいる場所も広いです。ソ連時代に多くの人は狭いアパートに住んでいましたが、独立後は町を脱出して郊外で庭付きの一軒家を持つのがスタンダードになりました。

その面で、リトアニア人の生活は落ち着いています。

現在、我が家は東京に住んでいますが、夏が近づくといつもリトアニアに戻りたくなります。夏休みはリトアニアと決まっています。家は**カウナス**（↓115ページ）の郊外にあり、庭が広くて、鳥の囀《さえず》りが聞こえて、ただただ何もせずに花の香りを嗅《か》ぎながら寝転びたいです。いかに東京の生活が素晴らしくて、にぎやかで、さまざまな可能性があっても、年に一回、「本物の」素朴な生活に戻りたいです。

時間の感覚も同じです。ゆっくり日々を過ごして、ありのままの瞬間を楽しんで、どこも急がないのが普通です。

リトアニア人の観点からみると、日本人は、本当に働きすぎだと思います。リトアニア人も怠《なま》け者ではなく、昔から働き者として知られていますが、仕事は仕事で、休みも大事にしなければいけません。

また、「何のために生きるのか」を考えたことがありますか？

リトアニアの言い伝えに「働くために生きるのではなくて、生きるために働く」という言葉があります。つまり、生活の中で家族、友達と過ごす時間がとても大事で、仕事の間にちゃんと休憩もしなければいけません。だって、ちゃんと休まないと仕事もできなくなりますから。効率も落ちますしね。

日本での留学を終えた私には、大事な選択肢がありました。日本の大手企業で仕事を見つけて日本に住むか、それともリトアニアに帰国するかです。その時、熟考した挙句、私の理想の生活は、上司に叱《しか》られて我慢《がまん》しながら無理矢理に頑張るより、ゆっくり家族と一緒に庭でバーベキューをしながら生活するほうが好ましいという結論になりました。

無理矢理に頑張るのは、リトアニア人の性格ではありません。時々、ハングリー精神は足りないけど。

穏やかな自然の中で、広々したスペースでゆっくりと暮らすリトア

我が家の中庭で焼き肉を作るのは最高です。家族と時間を過ごすのは重要です。

ニア人は性格も穏やかで大人しいです。派手なことはしない、派手なことは言わない。あっさりした話し方で、あっさりした態度です。

それは　例えば、言葉にも表れます。日本語って、洒落た言葉、敬語、謙譲《けんじょう》語など複雑な言い回しが多くて、とても複雑な人間関係を表しています。感謝するだけでもさまざまな表現があり、手紙を書くための教科書までも必要になりますよね。日本語では長くて丁寧な文章になる内容を、リトアニア語では短い一言で表現できることもあります。ちょっと水臭い表現に見えるかもしれませんが、リトアニア人は、心の籠《こも》った一言のアチュー（Ačiū、ありがとう）は、教科書で習った丁寧な文章よりいいという考え方です。

なので、大人しい人と人のコミュニケーションには緊張感をあまり感じません。割と平らな社会で上下関係は少なく、言いたいことをはっきりストレートに言うのが普通です。

カウナスの自由通りでは一般市民が集まって一緒に食事を分かち合っています。

ゆ 勇気 Drąsa《ドラーサ》

リトアニアのもう一つの姿

穏やかでシャイなリトアニア人の私に、ちょっと勇気を出して自慢話をさせてください。リトアニア人は、勇気のある民族です。

え、穏やかじゃないの？　とビックリされる読者もいるでしょう。

はい、リトアニア人は、大人しくてひかえ目でシャイであると同時に、場合によっては勇気があって、激しい態度になることもあります。

中世から、穏やかに土を耕《たがや》している農民だけではなく、自国を守る戦士もリトアニアには多くいました。ドイツのチュートン騎士団が攻めてきた時はリトアニアの西側で戦って、200年後にそれを完全に破りました。また、日本の元寇《げんこう》と同時期、リトアニアにもモンゴル帝国が攻めてきましたが、今度はリトアニアの東側で戦ってモンゴルの欧州侵入を止めました。その結果として、欧州最大の国、リトアニア**大公国**（↓98ページ）が成立しました。

そのためには勇気が必要でした。

中世の栄光はリトアニア人のプライドの源で、苦しい占領下の時にもこのプライドから勇気がいつも湧いていました。勇気があったからこそ、帝政ロシア支配の際、自分たちのアイデンティティを守って、命を賭《か》けながらも禁じられたリトアニア語を頑固に守り続けていけたのです。

勇気があったからこそ、ソ連時代にはリトアニアのレジスタンスがとても強かったです。第二次世界大戦直後、若い男性が家を出て森の中に住みついて、ソ連の政府に対してゲリラ戦を続けていました。いわゆる「森の兄弟」です。10年でほとんどが殺されてしまいましたが、民族の勇気は絶えませんでした。アンダーグラウンドで政府に禁じられた雑誌が出版され、禁じられたお祭りがこっそり行われ、リトアニア人のアイデンティティや歴史の記憶が保護されました。

また、１９８８年に始まった独立運動、**歌いながらの革命**（→１６８ページ）の最中にも、勇気を出して１９９０年にソ連からの独立を宣言した最初の国はリトアニアでした。ソ連から

リトアニアの1990年の独立運動

の独立宣言の年月日（表）を見ると、多くの国は1991年8月下旬から9月上旬に次々と、毎日のように独立を宣言しています。それは、ソ連8月クーデターの直後のタイミングです。それに先立って独立を宣言したのは三か国だけで、1991年4月に宣言したジョージア、1990年5月に宣言したラトビアと、1990年3月に宣言したリトアニアです。

これはよく数字のミスかと勘違いされますが、決して間違いではありません。ほかの国より一年以上早い独立日は、リトアニアの勇気の証です。この宣言書でソ連の破壊が始まりましたが、他のソ連構成国は国際情勢を用心深く眺《なが》めながら、あえて急がなかったのです。また、外国も独立を認めることを急ぎませんでした。私は、その長い「孤独の一年」をよく覚えています。「早すぎない？　馬鹿勇気じゃない？」とよく言われました。リトアニアは、一番勇気があったからこそ、唯一ソ連から「経済封鎖」および「血の日曜日」というひどい目にあいました。

リトアニア	1990年3月11日
ラトビア	1990年5月22日
ジョージア	1991年4月9日
エストニア	1991年8月20日
ウクライナ	1991年8月24日
ベラルーシ	1991年8月25日
モルドバ	1991年8月27日
アゼルバイジャン	1991年8月30日
キルギスタン	1991年8月31日
ウズベキスタン	1991年9月1日
タジキスタン	1991年9月9日
アルメニア	1991年9月23日
トルクメニスタン	1991年10月27日
カザフスタン	1991年12月16日

ソ連からの独立宣言

「血の日曜日」を聞いたことがありますか。

1991年1月に、いち早く独立を宣言したリトアニアを取り戻そうとしたソ連は軍隊を移動させ、総合出版社、国会議事堂、テレビ塔など、首都の戦略的な建物に戦車を送りました。それを分かっていた国民は、武器がなくても、自分の体で独立を守ろうという気持ちで、夜も昼も歌いながら手をつないで待っていました。結局、1月13日の夜、戦車に多くの人たちがひかれて亡くなる事件が起こります。それが「血の日曜日」です。このときも人々は逃げませんでした。その夜、私の母もテレビ塔の前で、体で独立を守っていました。

そのために、勇気が必要だったのです。

この勇気は、現在に至るまで絶えません。現在の**世界**（↓205ページ）でもリトアニアは勇気のある明確な発言を続けています。「ロシアは信頼できません」というはっきりした発言はEUの中でよく聞かれますし、最近は、中国のような独裁主義の国は信頼できないという発言も強くなりました。

血の日曜日（1991年1月13日）の様子

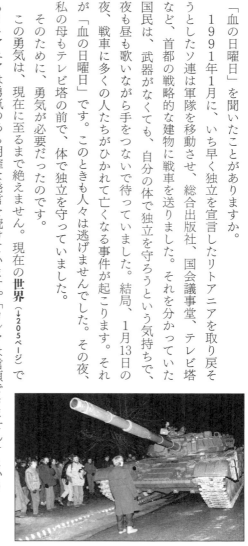

第2章 リトアニアの宗教と年中行事

Lietuvos religijos ir metų ciklas

ろ　ロムヴァ　Romuva

現代に残るリトアニアの古代自然崇拝

ロムヴァは、古代リトアニアの自然崇拝の伝統を現代に継承している組織です。

リトアニアの宗教は、現在カトリックと定まっていますが、キリスト教が入ってくる前の自然崇拝の伝統は色々な形で未だに残っています。なぜなら、リトアニア大公国は15世紀にヨーロッパで最後にキリスト教を受け入れた国だったからです。これも、リトアニア人の一つの誇りです。

昔々、現在のリトアニア、ラトビア、カリーニングラード州（現ロシア）、東北ポーランドに住んでいた民族をバルト族（Baltai）と総称します。これらの部族には、共通の言葉だけではなく共通の宗教もあり、それを「バルト教」（Baltų religija）と言います。また、バルト族は周辺のキリスト教の民族から軽蔑を込めてペーガン（異教徒、野蛮人、田舎者）と言われました。リトアニア人にとっては、それは、自慢の言葉です。

さて、バルト教はどういう宗教でしょうか。

日本の神道のように、木、石、動物など自然の中にいる万《よろず》の神を信じ、その神のために神聖な森の中、丘の上に神社のような聖地を設け、火を燃やし、さまざまな儀式を行いました。現在のカリーニングラード州と北ポーランドに住んでいたプロシア族のところには、最大の神社「ロモヴェ（Romovė）」があって、バルト教の最高の神職もいたという記録が残っています。そこに神様の像が立っていて、巨大なオークの下で火を燃やしていました。

バルトの部族（13世紀）

バルト教の最も大事な神はディエヴァス（Dievas）と言いましたが、語源は「神」を表すサンスクリット語（梵語）のDevas、ラテン語のDeus、ギリシア語のTheosと関係します。ディエヴァスは後にキリスト教の「神様」に生まれ変わりました。その下に、雷の神ペルクーナス（Perkūnas）がいて、雷の仇《かたき》は死と地下をつかさどるヴャリニャス（Velnias）でした。そのほかにさまざまな自然現象、また日常生活の分野を保護する神々が多くいました。今でもリトアニアで昔の神（特に女神）の名前は、人の名前として人気です。

今では自然崇拝の伝統はキリスト教と混ざっていますが、一部の歌などにその名残《なごり》があります。残念ながら、キリスト教が入る前の時代の資料がとても乏《とぼ》しいので、本来の自然崇拝の思想、組織の様子はあまり分かりません。

しかし200年前から、古代インドの資料に基づいてバルト教とヴェーダ教の比較研究が行われ、さまざまな共通点が見つかりました。それで、徐々に現在のバルト教の信仰「ネオペーガニズム」が生まれました。ソ連時代、それは「ナショナリズム」の一部として扱われ、自然崇拝の伝統を支持した人は迫害《はくがい》を受けました。でも、独立してから、その組織「ロムヴァ」が公式に設立されました。ただし、リトアニアの法律上、いまだに「伝統的な宗教」として認められていません。

ロムヴァのおかげでバルト教の儀式、思想が再現されました。その最も重要な概念となる「調和（Darna）」は、サンスクリット語のDharma（法）にも通じ、人間と自然、人同士の調和を表しています。ロムヴァの最高神職はクリヴィス（Krivis）で、全国に散らばって

ペルクーナス（Perkūnas）	**雷**
ジェミーナ（Žemyna）	土地
メデイナ（Medeina）	**木、森**
サウレ（Saulė）	太陽
ヴャリニャス（Velnias）	**死**
ガビヤ（Gabija）	火
ロクサルギス（Lauksargis）	**畑**
テレヴェリス（Teliavelis）	鍛冶
ブビラス（Bubilas）	**蜂、養蜂**
ライマ（Laima）	幸運
ミルダ（Milda）	**愛**
ラグティス（Ragu tis）	ビール

リトアニアの自然崇拝の神々の名前と関係するもの

いる現地のコミュニティの神職はヴァイディラ（Vaidila）と言います。伝統的な年中行事、現地の儀式は、**ケルナヴェ**（↓95ページ）、**ヴィリニュス**（↓107ページ）の近くの森、モレータイ、シュベントーイなどで行われます。

し

十字架 Kryžius《クリージュス》

「十字架の国」の無形文化遺産

今ではリトアニアのシンボルともなっているキリスト教の十字架（kryžius）は、昔はリトアニア人に大変嫌われていた敵の象徴でした。自然崇拝を守っていたヨーロッパ最後の「野蛮人（pagonys）」のバルト族として、リトアニアはキリスト教のドイツ人に攻められ、よその宗教であるキリスト教が強制的に持ち込まれたからです。13世紀、ドイツから東にキリスト教を広める十字軍が行われ、その組織としてチュートン騎士

ロムヴァの儀式（塩の清め）を行っている女性の神職

団ができました。マントに黒い十字架が描かれていたので、現地の人にこの敵は「十字架の人間」(kryžiuočiai)と名付けられました。現在のラトビア、カリーニングラード州(プロシア)のバルト部族の土地は騎士団に占領され、さまざまなところで自然崇拝の聖地が破壊されて代わりに教会や十字架が建てられました。

当時占領されなかった、リトアニア**大公国**(↓98ページ)を作ったリトアニア人は、自然崇拝の伝統を一生懸命に守りました。13、14世紀のリトアニアにとって最も怖い敵はチュートン騎士団で、宗教に関する戦争が続きました。結局、リトアニアがキリスト教を自ら受け入れることで争いは一件落着し、やがてリトアニアにも十字架が増え、民族の文化の一部となりました。

リトアニアのキリスト教には自然崇拝の伝統が入り込んでおり、その代表的な例は十字架の造りです。リトアニアの十字架には、太陽、月、星、花、蛇などの装飾が数多くあり、これは昔のバルト教の神様、神聖な動物や植物を表しています。時々、こんな十字架を見ると「これは本当に十字架なの?」と疑ってしまうほどです。

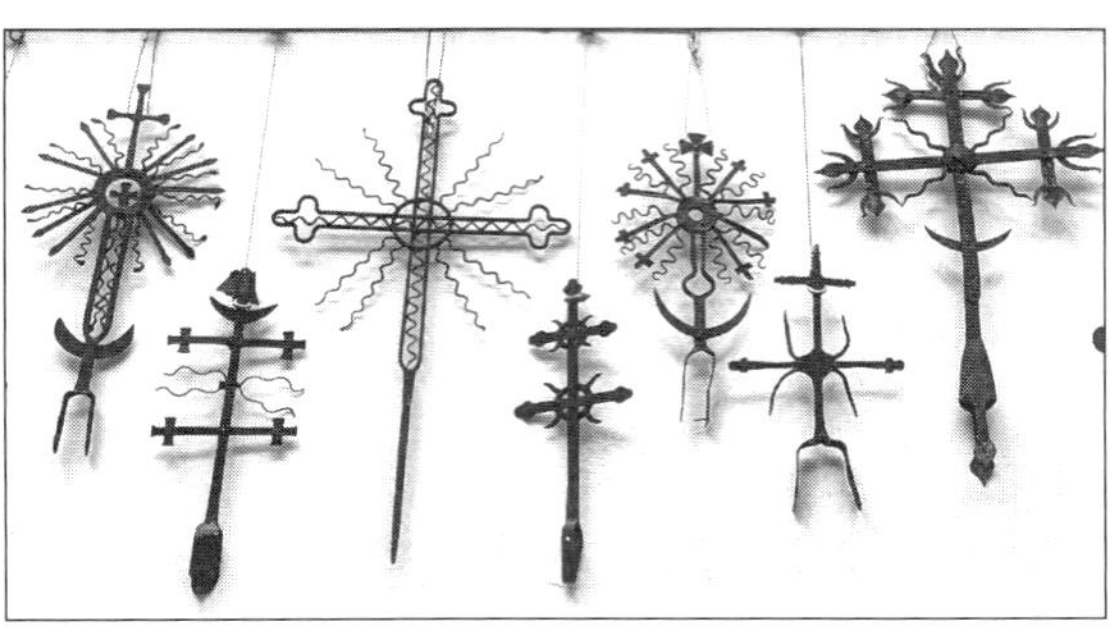

鉄製のリトアニアの十字架

リトアニアの十字架造り（kryždirbystė）は、2001年にユネスコによって世界無形文化遺産に登録されました。これと比較できる伝統は、ケルト、アルメニア、エチオピアの十字架造りです。今でも伝統が元気に続けられているリトアニアの十字架は、鉄あるいは木からできています。木のものが特に多様性に富んでいて、装飾の付いた十字架も、聖人の入っている祠《ほこら》も、守護神や神様の像自体も「十字架」の概念に含まれています。リトアニアの木彫刻《ちょうこく》は本当に優れています。

木彫刻の神様の像と言えば、代表的なのは「悩みのキリスト」（rū-pintojėlis）です。涙を流している神様は、頬杖《ほおづえ》をついて周りの世界を悲しく反省しています。この像は国民によってとても尊敬されています。この数百年でリトアニアはさまざまな占領に遭《あ》ったので、国のつらい歴史の象徴でもあります。

面白いことに、もともと敵の印であった「十字架」は、結局リトアニアの文化やアイデンティティの象徴になりました。日本人にとって、

悩みのキリスト
（Vėtrė Antanavičiūtė撮影）

木からできたさまざまな十字架
（Vėtrė Antanavičiūtė撮影）

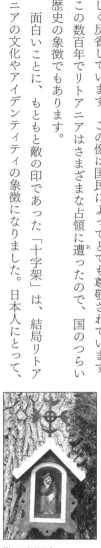

十字架は「お墓」を連想するものですが、リトアニア人にとっては、「お守り」という意味のほうが圧倒的に強いです。20世紀前半には、十字架は教会の屋根の上だけではなく、町や村の広場、十字路、大きな木の所など、非常に数多くありました。それで、20世紀に、リトアニアは「十字架の国」と比喩《ひゆ》的に呼ばれるようになりました。

第二次世界大戦中にリトアニアはソ連の一部になり、宗教が禁じられて、無神論になりました。教会が倉庫や工場にされ、神父たちが虐《ぎゃく》殺《さつ》され、「十字架の国」から十字架が姿を完全に消しました。家の中にこっそりと十字架をお守りとして隠していた家もありましたが、公の場では十字架が見られなくなりました。

こんな時に、リトアニア国内では有名な「十字架の丘」が生まれました。その丘は、昔から数本の十字架が立っていて、現地の人に神聖な場所として知られていました。ソ連時代にはこの十字架がブルドーザーで壊されましたが、頑固な人たちは真夜中、こっそりと新しい十字架を立て直しました。次の日にまたブルドーザーが壊して、また夜中にこっそり十字架が立て直されました。こんな「十字架に関する戦

十字架の丘（David Iliff撮影）

い」は数十年も続きました。やがて1988年、**歌いながらの革命**（↓168ページ）が起きた際、十字架は独立の象徴となり、人々が丘の上に自由に十字架を立て始めました。主にそれを立てたのは、ソ連時代に殺された人、追放された人、移民した人とその親族でした。現在、全部で丘に20万以上の十字架が立っており、リトアニアの頑固な精神、つらい歴史、また独立の希望の象徴となっています。

い　イースター　Velykos《ヴェリーコス》

冬の終わりを告げるお祭り

日本ではあまりなじみのないイースターは、キリスト教世界ではクリスマスと並んで大事なお祭りで、キリストの復活を表しています。春分の後の一か月に当たるので、自然の復活という雰囲気もとても強いです。イースターが来ると、リトアニアでは「長い冬がやっと終わった！」という気持ちになります。光や緑に溢《あふ》れる爽《さわ》やかなお祭りです。

料理の数と種類が大体決まっている**クリスマスイブ**（↓60ページ）と違って、イースターの料理はそれぞれの家庭で異なります。傾向として、春を表す料理、または肉、卵、**乳製品**（↓138ページ）が豊富に使われた料理が好ましいです。例えば私の家庭では肉の煮凝《にこご》り（šaltiena）、さまざまな種類のミートロール（vyniotinis）、焼き菓子クグロフ（boba）、ウサギの形のクッキーなどを出します。伝統としては、イースターの前の7週間は断食の季節（gavėnia）でしたので、こういう料理は、みんながきっと大変懐かしかったんですね。

でも、イースターの食卓の王様は間違いなくイースターエッグです。リトアニア語では特別な名前でマルグティス（margutis）と言います。キリスト教で、卵は新しい始まり、復活、春の象徴で、イースターの意味を表すのに最適なのです。卵を染める伝統はヨーロッパの各国にありますが、リトアニアを含めた東ヨーロッパでは特別な伝統技術にまで発展しました。昔の人は、いろいろと工夫し、玉ねぎ、オークの皮、**ビート・ジュース**（↓142ページ）などを使い、卵に色を付けました。また、装飾をつけるために、バティック技術のように蜜蠟《みつろう》を使ったり、

イースターの料理

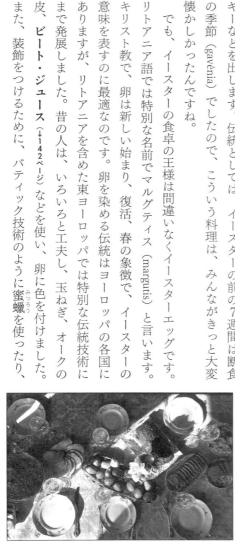

染めた卵を尖筆《せんぴつ》で刻んだりとさまざまな技術があります。それで、伝統的な自然崇拝とかかわりのある模様（太陽、星、花、風、光など）が出来上がります。

残念なことに、現在、人工塗装もよく使用されますし、装飾も簡単に筆、ステッカーで付けられるようになり、マルグティスの伝統が少しずつ消えつつあります。でも、卵の遊びは消えていません。私の家も、イースターはいつも卵の戦い（mušimas）から始まり、エッグローリング（ridenimas）で終わります。

リトアニアのイースターの日にちは、カトリックの国々と同じ日になりますが、具体的な日にちはとてもややこしいです。クリスマスと違って、イースターの日にちは毎年変わります。もともと太陰暦《たいいんれき》に従って決められたので、その伝統が未だに続いているのです。具体的な日にちを算出するために、ヨーロッパの天文学者は大変苦労してきました。いつも3月22日から4月25日の間のいずれかの日曜日

Užgavėnės	謝肉祭	－7週間（火曜日）
Pelenų trečiadienis	灰の水曜日	－7週間（水曜日）
Verbų sekmadienis	受難の主日	－1週間（日曜日）
Didžioji savaitė	受難週	－6〜1日
Velykos	イースター	当日（日曜日）
Atvelykis		＋1週間（日曜日）
Šeštinės	主の昇天	＋6週間（木曜日）
Sekminės	聖霊降臨節	＋7週間（日曜日）
Devintinės	キリスト聖体節	＋9週間（木曜日）

イースターとその関連行事

装飾が鮮やかなイースターエッグ

になります。
イースターの日によって、それと関連のあるさまざまなお祭りの日にちも変わります。いわゆるイースターサイクルは、イースターの7週前のカーニバル（Užgavėnės）から、イースター後の第9木曜日にあたるキリスト聖体節（Devintinės）まで、4か月以上もかかります。その間には、さまざまな行事が行われます。

リトアニアのイースターで特徴的なのはヴェルバ（verba）という、イースターの前の日曜日（受難の主日）に使われる祭具です。南ヨーロッパでは棕櫚《しゅろ》の葉っぱが使われますが、リトアニアは寒すぎて棕櫚はないので、代わりにネズの木の枝を使います。朝早く、教会にもっていって神聖になった枝でお互いをたたいて魔物や病気を追い払うのです。ネズの枝で叩かれると、結構痛いですよ。

リトアニアの全地域でネズの枝を用いますが、東南リトアニア（特に**ヴィリニュス**（→107ページ）の周辺）のヴェルバは特別です。このヴェルバは、ドライフラワーからできた特別な形の束です。伝統的な技術を使った、苦労し

ヴィリニュスのヴェルバ

て作られたリトアニアの民芸品です。

よ　ヨハネの日　Joninės《ヨーニネス》

北欧の夏至《げし》祭は有名

「ヨハネの日」(Joninės) というのは、夏至祭のことです。

夏至祭の伝統は昔から全ヨーロッパで見られますが、北欧の夏至祭は特に有名です。短い北の夏を楽しむお祭りで、バルト海に面した北欧共通の文化です。夜が最も短い夏至の日、フィンランド、スウェーデン、ノルウェーは日が沈まない白夜《びゃくや》になりますが、リトアニアが比較的南にあるので、真夜中に数時間だけ暗くなります。12時過ぎに暗くなって、3時あたりに朝日が見えます。

リトアニアを含む北欧の夏至祭の伝統には共通点が多く、真夜中に大きな薪《まき》を燃やし、人々が周りを踊ったり、歌ったりします。また、若者が薪の上を跳び越す風習もあり、精神を清める、病気から守るという言い伝えがあります。夏の花で花輪を作って、髪の毛を飾る習慣もあって、夜に花輪を川か湖に流すというのもよく見られます。

リトアニアでは、夏至祭の時に現在でも民族衣装を着る人がよく見られます。特に、**ケルナヴェ**（↓95ページ）などの自然崇拝と関連のある場所で、人々が集まって伝統的な儀式を行います。**ヴィリニュス**（↓107ページ）、**カウナス**（↓115ページ）など、大きな町の夏至祭は少し近代化していますが、それでも薪、花輪などが欠かせません。

もう一つお伝えしたいリトアニアの夏至祭の伝統は「ワラビの花」(paparčio žiedas) です。伝説によると、夏至の夜にだけワラビは花を咲かせ、その花を見つけた人は幸せになるといいます。ご存じの通り、ワラビは胞子《ほうし》植物なので絶対に花は咲きませんが、夏至祭の夜はさまざまな奇跡がありうるんでしょうね。それで若者は、特に若い未婚のカップルは、薪の明かりから離れて暗い森で一生懸命にその花を探します。その花探しは、場合によっては後に結婚で結ばれることもあります。

リトアニアの夏至祭は、特に薬草と密接な関係があります。夏至の

夏至祭

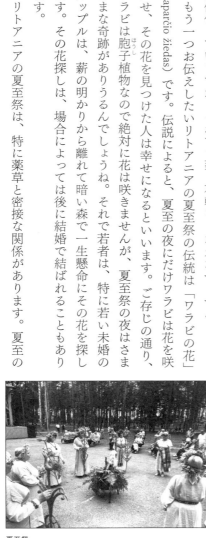

ある6月中旬は草が既に大きくなっていて、初めての草刈りが行われます。その草を干して馬草にして、冬のために貯めます。ちょうど夏至あたりに薬草には自然のエネルギーが貯まっていて、一番効果が強くなると考えられているのです。ジョリニンケ（žolininkė）といわれる薬草に詳しい女性は薬草狩りに行き、それをお薬に使います。それで6月に、自然崇拝に基づく草の女神ラサ（Rasa）に祈りを捧《ささ》げていました。

自然豊かなリトアニアの伝統医学は、日本の漢方薬のようなさまざまな薬草に基づいています。草原の花、葉、根、森の木の皮などには多くの効果があるので、治療に使われています。私も、子供の時に風《か》邪《ぜ》をひいたら、母にまず薬局で買った風邪薬ではなく、**蜂蜜**（→145ページ入りの菩《ぼ》提樹《だいじゅ》の花、森で集めたラズベリーの枝のお茶を飲ませられました。母の薬草箱はいつもいろいろなハーブで溢れていて、開くと素晴らしい匂いが家の中にただよいました。また、母のハーブティーも最高です。

リトアニアを含む中東欧にはハーブティーの文化が根付いています。面白いことに、世界のほとんどの言語ではお茶のことを「ティー」か

リトアニアの薬草

「チャ」に近い言葉で表しています。それに対して、リトアニア語ではお茶を「アルバタ(arbata)」と言います。それは、ラテン語の「herba」(ハーブ)に由来します。旧ポーランド・リトアニア同盟国をルーツに持つ国はみんなそうで、ポーランド語のherbata、ベラルーシ語のгарбатаとウクライナ語のгербатаは、みんな「ハーブ」に由来する言葉です。

キリスト教が入る前、「ヨハネの日」の名前はラーソス(Rasos)で、薬草の女神と密接な関係がありました。昔は、夏至祭はリトアニアの自然崇拝の最も主要な行事の一つだったのです。太陽の動きと関係する夏至(Rasos)、冬至(Kūčios)、春分(Lygė)、秋分(Dagotuvės)とその間のお祭りを含めて、全部で8つの主要な行事が祝われました。他のヨーロッパの国でも昔はそうでしたが、キリスト教が入ってから、多くの伝統が消え、場合によってキリスト教のお祭りになりました。そして夏至祭は「ヨハネの日」、死者を尊敬するヴェーリネス(Vėlinės)は「万霊節」、冬至は「クリスマス」になりました。

バルト教の年中行事の図

息 ヴェーリネス Vėlinės

リトアニアのお盆「死者の日」

ヴェーリネス（Vėlinės）は死者の日です。日本で言えばお盆ですが、8月ではなく、11月の頭です。ちょうどその頃、リトアニアでは紅葉が終わって寒くなり、冷たい雨や時に霰《あられ》が降るどんよりした**季節**（↓83ページ）になります。さまざまな魔物がこの世に近づきやすいタイミングですね。それで、死者の魂（Vėlė）は家に戻って、遊んだり、食事を求めたりするそうです。

リトアニアのヴェーリネスは、同じ時期に行われるスラブ民族のジャディー（Dziady）とケルトのサウィン（Samhain）などと関連する行事です。亡くなった親族を思い出し、彼らに食事を供《そな》えるのです。後に、ケルトのサウィンは日本でも知られているハロウィーンになりましたね。

百年ぐらい前には、墓地に行ってパーティーをして、死者に食事を残すという習慣もありました。現在は墓地でパーティーをする人はほとんどいないでしょうが、お花や蠟燭《ろうそく》を置く伝統は今でも続けられていて、リトアニアの11月頭の真夜中の墓地は光で照らされて本当に綺麗です。

ヴェーリネスの時だけではなく、リトアニアのお墓は日本と比べて広く、緑やさまざまな花が多く庭園みたいです。昔の貴族は教会や修道院の下に葬《ほうむ》られていましたが、大抵、それぞれの町の周辺に墓地が設けられています。

リトアニアの自然崇拝の考え方だと、死者の魂は植物（特に木）の形で生まれ変わるので、墓地には木が多いです。死と関係のある神様はヴァリニャス（Velnias）という名前で、これにヴェーリネスも由来しています。

もちろん、キリスト教が入ってからは死後について「天国と地獄」という考え方が主流になり、埋葬の仕方も変わりました。考古学の発掘調査によると、バルト部族には火葬の伝統がありましたが、14世紀以降、キリスト教に基づいて土葬するようになりました。今ではキリスト教の考え方に基づき、火葬されるのは怖いと考えている人が多く、数十年前

真夜中に蝋燭《ろうそく》に照らされたリトアニアの墓地

はリトアニア全国を探しても火葬炉は一つもなかったです。ただし、最近は墓地が拡大しすぎて土地がもったいないという声も出てきて、火葬炉の数も増えています。

現在のリトアニアではヴェーリネスが祝日として定められていて、みんな自由にお墓参りします。しかし、それはいつもそうだったわけではありません。ソ連時代にはヴェーリネスが禁じられました。「無神論の社会で墓地にわざわざ集まる意味がない」というのです。加えて、大勢の人々が集まると反乱を起こしやすいという心配もありました。ヴェーリネスの時には特に、亡くなった国の英雄を思い出してリトアニアのナショナリズムが強くなると思ったんでしょうね。同じように、**クリスマス**（↓60ページ）、**イースター**（↓49ページ）などのような伝統的なお祭りは祝ってはダメでした。

ソ連時代はヴェーリネスの時に、墓地に民兵が並んで誰もお墓参りしないように見張っていました。それにもかかわらず市民が**勇気**（↓37ページ）を出して、こっそりと墓地に行って、蠟燭をつけて亡くなった人のために祈っていました。

それによって、暗い時代にもリトアニアの自由の精神が生き残ったのです。

リトアニアの伝統的な墓地
（チュルリョーニス（→171ページ）の絵画）

く

クリスマス Kalėdos《カレードス》

リトアニアのクリスマスは日本の大晦日《おおみそか》のよう

私の子供時代のクリスマスの思い出は、「クリスマスにはお肉、絶対ダメ！」と言われたことです。お肉だけではなく、**乳製品**（↓138ページ）、卵などもダメでした。12月24日の朝に起きると、母はライ麦のパンと紅茶を用意して、家族全員が昼間をそれだけで過ごします。そういう風に、おなかを空かして夜を待ち、その間クリスマスイブ（Kūčios）の料理を作ります。

日本ではクリスマスにカップルでお洒落なレストランに行って、洋食を食べますよね。ヨーロッパの大部分も、クリスマスにお肉をいっぱい食べます。ですが、リトアニアとポーランドではクリスマスイブにお肉は食べません。魚、野菜、キノコ、木の実（特にケシの実）という食材がメインです。このような伝統は隣のラトビアにもエストニアにもありません。ポーランド・リトアニア同盟国の遺産です。

リトアニアのクリスマスイブの雰囲気は、日本の大晦日にそっくりです。静かに家族同士で過ごします。また、お節《せち》料理のようにその日しか食べられない料理が出てきます。お節料理を初めて食べた時、口に合わないものが多かったですが、日本人にとってもリトアニアのクリスマスイブの料理はちょっと変かもしれません。例えばクーチュカイ（kūčiukai）。このあっさりした味のコロコロしたクッキーをポピーミルク（ケシの実からできた汁）に入れて食べます。変でしょう？ また、何種類ものニシンの料理、キノコ入りの餃子（koldūnai）などが典型的なクリスマスイブの料理です。

クリスマスイブの料理は12品と決まっていて、それぞれの家族が独自のセットを持っています。例えば、我が家では毎年キノコ入りの**ツエペリナイ**（↓134ページ）を食べます。結婚して初めてこれを見た妻は激しくビックリしました。「クリスマスイブにツェペリナイ？ あり得ない！」と呟《つぶや》きながらも、その年から毎年クリスマスに作り続けています。

夕方にたっぷり食べてからは、占いの時間になります。結婚するかどうか、子供は何人うまれるか、お金持ちになれるか、などなどを占

我が家のクリスマスイブの料理

って知りたい欲を満たします。さまざまな伝統的な占いがあり、この神聖な夜にはいろいろな奇跡が起こるという言い伝えがあります——動物たちが話せるようになったり、亡くなった親戚が家にいらっしゃったり、お水はワインに化けたりと。それに、占いも絶対当たりますよ。

12月24日の夜に寝ると、25日はクリスマス（Kalėdos）当日です。その日、子供たちがサンタクロースを迎えたり、友達がお互いを訪ねたり、肉料理、ジンジャークッキーなどを食べたり、遊んだりします。24日と25日は、同じ祭りなのに正反対の雰囲気です。陰気な家族同士の24日と陽気な友達同士の25日で、それも日本の大晦日と元日のようですね。リトアニア人にとっては、クリスマスイブのほうが絶対大事です。

もしみなさんが冬にリトアニアを訪れるなら、クリスマスの**季節**（**↓83ページ**）がおすすめです。多くの町で綺《き》麗《れい》なイルミネーションが飾られ、クリスマスマーケットも開かれます。そこで現地のストリートフードも食べられますし、買い物もできますよ。それぞれの町が自分たちのクリスマスツリーを大変自慢するので、都市ごとに激しい競争が起き

クリスマスのジンジャークッキー

ています。毎年、リトアニア人はその年の最も綺麗なクリスマスツリーをランキングします。

私が毎年応援するのは、もちろん**カウナス**（↓115ページ）のクリスマスツリーです。私の生まれ育った町というだけでなく、カウナスのツリーは、綺麗なのに加えて毎年何か深いアイデアが含まれているのです。ある年は、使い捨てのペットボトルから作られたツリーで環境問題を考えさせました。また、2022年のツリーは、ウクライナ侵攻と平和の重要性を思い出させました。今年のツリーも本当に楽しみにしております！

カウナスの2023年のクリスマスツリー

第3章

リトアニアの自然

Lietuvos gamta

へ　平野　Lygumos《リーグモス》

リトアニアには山がほとんどない

恥ずかしい話ですが、リトアニアの一番高い山は、標高わずか２９４メートルです。日本人にとってはそれは山と言えないでしょう。ただの丘ですね。

リトアニアはウラル山脈とバルト海、カルパチア山脈の間に及ぶ巨大な東ヨーロッパ平原の一角を占めています。そのため地形の面では、ラトビア、エストニア、ベラルーシ、ポーランド、ウクライナ、ロシア西部との共通点が多いです。海のごとく、緑の地平線に目が届くまで草原や森林が及んでいます。

日本は海に囲まれて、国境がはっきりしていますね。他国からは絶対に歩いて入れない国です。逆に、東ヨーロッパ平原は平野で高い山がなく、自然に決まった国境はありません。リトアニアを車で走ったら（東西も南北も３５０キロメートルぐらいですが）、そのうち草原か森の中にポツンと小さな建物が見つかります。それが隣の国との国境です。国境は歩いて越えてもOKです。私自身、リトアニアとラトビアの国境を何回も歩いて越えたことがあります。国境を越えると、文化や言葉、アイデンティティが急に変わりますが、景色は変わりません。同じ草原や森が数千キロメートルも続きます。

こんな平坦な地形の中にも、ちょっとしたバラエティーがあります。リトアニアは小さい国土ですが、5つの伝統的な地方からなっていて、それぞれ自然、文化、方言などが異なります。西の4分の1を占めているのは、比較的標高が高めのジェマイティヤ（Žemaitija）です。その最も高い地点はMedvėgalis（234メートル）です。東リトアニアのオークシタイティヤ（Aukštaitija）は、湖が点在する高地と国の穀倉地帯のある中央リトアニア低地からなります。南のズーキヤ（Dzūkija）は、**森**（→70ページ）が最も多い地方で、この地方にはリトアニアで最も高い山であるAukštojas（294メートル）があります。西南のスヴァルキヤ（Suvalkija）は痩せた低地が及んでいます。最後に、海岸に最も近い小リトアニア（Mažoji Lietuva）は国の中で最も低い地域です。ここはネムナス川のデルタを含めて川がたくさんあり、春になるとよく洪水に

リトアニアの平地の景色

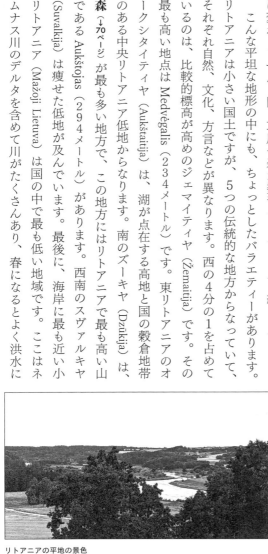

なります。

ロシアのボルガ川と同じように、リトアニアには「父なる川」があります。それがネムナス川です。そう、ネムナス川が男性で、それと違って、2番目に大きいネリス川は女性なのです。リトアニアの川はゆっくりと流れています。国のほとんどはネムナス川水系に属し、最大の川はネムナス川、ネリス川、ネベージス川などです。

リトアニアには、川だけではなく湖も数多くあります。北海道より小さい面積に6000もの湖が散らばっています。ほとんどは氷河湖で、青い空と雲を反映しています。小さいものも大きいものもお互いにつながって、水路の迷宮のようです。特に湖の多い、オークシタイティヤという地域はすごいですよ。

緑の平野と黒い森林、空の鏡になる青い湖、ゆっくりと流れている川……リトアニアの自然の景色を最もよく楽しむ方法は、上から一面を展望することです。ただし、既に申し上げた通り、リトアニアは高い所はほとんどない平地の国ですね。

では、どうすればいいでしょう？

リトアニアの地形。地図が白い地域ほど標高が高く、黒い地域ほど標高が低い。

見晴らしのいい場所に高い丘がなければ、展望塔を作りましょう！
こんなふうにして平野の中に建てられた塔は、リトアニアの観光施設としてあちこちに作られています。この塔を登ったらゆっくりと自然が楽しめます。場合によっては展望塔をつなぐ道も設けられていて、森の上を、**沼**（↓75ページ）の上を、ゆっくり散歩できます。いかがでしょうか。

自然を展望して楽しむもう一つの方法は、気球です。夏の天気のいい時には、気球がどんどんと空に上がって、観光客は見晴らしを楽しんでいます。リトアニアは、人口比で気球の数が最も多い国なんです。知っていましたか？

気球に乗ったら、ぜひ空から写真を撮りましょう。自然の空撮《くうさつ》で最も有名なリトアニアの写真家に、M・ヨヴァ

アニーキシチェイの展望塔 ©Simas Bernotas

空を飛ぶ気球

イシャ（Marius Jovaiša）がいます。２００６年から２００７年にかけて、50回以上気球やヘリコプターを使い数多くの場所で写真を撮影しました。最もいい写真は『知られざるリトアニア』という写真集になっていて、これを見る人は改めてリトアニアの自然の美しさに感動します。

も　森　Giria《ギリャ》

リトアニアは森の国

Kur giria žaliuoja, ten mano namai...

「森が緑になっているところは、私の故郷《いえ》だ……」から始まる有名なリトアニア民謡《みんよう》があります。２０２４年の**歌と踊りの祭典**（↓168ページ）のモティーフにもなりました。この歌の通りリトアニアは森の国で、長くリトアニアを離れると、故郷の森の緑、新鮮な空気、鳥の鳴き声などが特に懐かしくなります。リトアニア人は昔から森の民族でした。

石器時代は、鬱蒼《うっそう》たる原始林がリトアニアの国土のほとんどを占めていました。農業開発とともに徐々に減少しましたが、千年前、森林は国土の55%を占めていました。現在、森林は国土の3分の1しかないし、本当の原始林はほとんど残っていません。

それにしても、リトアニアは森林が多い国です。特に森林が多いのはベラルーシとの国境沿いの地域です。南リトアニア（ズーキヤ）は森がよく残っていて、現地の人は昔から農業より森の幸《さち》に頼って、キノコやベリーで生活をしていました。有名な言い伝えによると、「キノコとベリーがなければ、ズーキヤの女たちは裸だ」と。ズーキヤには、リトアニア最大の1450平方キロメートルに及ぶダイナヴァ森（Dainava）があります。

では、リトアニアの森を散歩してみましょう。よく見る典型的な木は、マツ（pušis）、トウヒ（eglė）、シラカバ（beržas）、ヨーロッパハンノキ（juodalksnis）、ヨーロッパヤマナラシ（drebulė）、セイヨウトネリコ（uosis）などです。この木のお陰で森の空気は酸素に満たされて、どんな**季節**（↓83ページ）でも森林浴は最高です。森に恵まれているリトアニアの空気も綺麗です。

この緑の世界にはさまざまな動物が住んでいて、野生のイノシシ、シカ、オオカミ、アナグマ、キツネ、ウサギ、イタチなどが元気に走っています。現在、森の王と言える最も大きな動物はヘラジカ（briedis）ですが、昔はオーロックス（tauras）、バイソン（stumbras）も数多くいました。リトアニアで絶滅したバイソンが、1970年ごろ再導入され、数百頭を超えて数が増え続けています。

森には動物だけではなく、さまざまな妖精も住んでいるようです。**ロムヴァ**（↓42ページ）の自然崇拝では森は聖なる所で、そこにある木々、石、**沼**（↓75ページ）などが神として尊敬されていました。キリスト教が入ってから、神は少しずつ姿を消しましたが、良いものも悪いものも妖精が未だにいっぱい残っているそうです。森を悪者から守っているミシキニス（miškinis）、沼に住んでいる美女のウンディネ（undinė）、幸福をもたらす小人のコーカス（kaukas）、蛇の形をした木の枝の間を飛び光るアイトヴァラス（aitvaras）、真夜中に踊っているローメ（laumė）などなどですね。

森にはヤマカガシ（žaltys）もいます。見た目で、「ああ、蛇だ」と驚きますが、ヨーロッパヤマカガシは毒がなくて、黄色い耳がついていて、むしろ可愛いくらいでしょう。実は、昔のリトアニア人の大事なペットでした。人々はヤマカガシを森から家に招いて、ミルク

リトアニアの森の風景

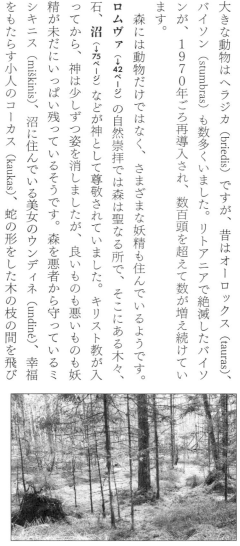

や餌をやっていました。それでヤマカガシは住み着いて、ベッドの上とか、あたたかいかまどの近くで機嫌よくうとうとしていました。かまどの神として尊敬されたヤマカガシが家に住み着くと、幸福をもたらすという言い伝えが長く続いていました。また、神話の中にもヤマカガシについての伝説は多く残っています。

そして先ほども述べたように、森は聖なる場所というだけではなく、日常生活でとても大事な役割を果たしてきました。さまざまな**野生**（↓126ページ）のベリーやキノコがたくさん生えていて、薪はリトアニアの最古の**エネルギー**（↓184ページ）資源でした。

リトアニアで古代、最も重要な産物は**琥珀**《こはく》（↓157ページ）でしたが、中世になると森林の重要度が増してきます。西ヨーロッパでは森林が多大に伐採されたのに対し、バルトの部族が住んでいた中東欧の平地は森林に富んでいたため、リトアニアの木材や、森で取れる蜜蠟、**蜂蜜**（↓145ページ）などの人気が国際的に高まったのです。中世のリトアニアはネムナス川とネリス川を通じて、西と東の国へ木材流送を行っていました。実は、チュートン騎士団がバルトの平野にやってきた本当の

ヤマカガシ

理由は、キリスト教を導入するというより、木材を手に入れることではなかったかとも言われるほどです。

リトアニアの文化の中で、日本のように木材はさまざまな方法で使われます。伝統的な農家の建築、家具、食器、全て木からできています。**十字架**（↓45ページ）も木から作られています。木彫刻も重要な伝統技術です。木でさまざまな印象的な像が作られ、現在もアーティストがさまざまなところで活躍しています。

伝統的な彫刻は全国で見られますが、最も集中したところは「魔女の丘」でしょう。バルト海の近くの**ネリヤ**（↓77ページ）という地域にユオドクランテという町があって、鬱蒼とした森の中にさまざまな彫刻が並んでいます。約100個もの像がリトアニアの伝説、神話を語っていて、地獄、鬼、魔女の彫刻は特に多いです。

リトアニアの木彫刻

ぬ

沼 Pelkė《ピャルケ》

リトアニアを敵から守った自然の沼

昔からリトアニアは沼の国として知られていました。森と沼の国——こんな怖いところは敵に攻められにくかったのです。それに対して、現地のバルト族は沼によく慣れていて、通りにくいところは沼の下に石を敷いてクールグリンダ（kūlgrinda）という秘密の道を作りました。これを使って国を敵からうまく守っていたのです。沼のお陰で（せいで？）、バルト海の東海岸（リトアニア、ラトビア、エストニア、フィンランド）にヨーロッパの文明が入るのは割と遅かったです。現在も、さまざまな湿地は国土のおよそ25％を占めています。現在は、沼はリトアニア標準語でピャルケ（pelkė）と言いますが、昔から日常生活でとても大事なものでした。沼を指す言葉は非常に細かく分かれていて、

沼（アウクシュトゥマラ）の景色 ©Kipras Štreimikis

raistas, bala, tyras, liūnas, akivaras, palios などなどたくさんあります。

沼にはいいものがいっぱいあります。**野生**（↓126ページ）のコケモモとクランベリーが実っていて、人々は摘《つ》みに行きます。私も子供の頃、母と一緒によく摘みに行きました。また、沼から掘られる泥炭《でいたん》も、リトアニアの大事な**エネルギー**（↓184ページ）源でした。これを農家の人は暖炉や暖房によく使っています。また、泥炭を腐植土として培養土に混入し、輸出しています。

でも、それと同時に、野生の世界を象徴する沼は、人間にとって全く知らない、分からない、怖い世界でもありました。間違った方向に一歩進むと、沼が人を吸い込みます。そこにペルキニス（pelkinis）という妖精が住んでいて、また夜に鬼火《おにび》が現れます。これまでの歴史の中で、人は野生の沼と戦ってどんどん開拓して畑にして、野生の沼は知ら

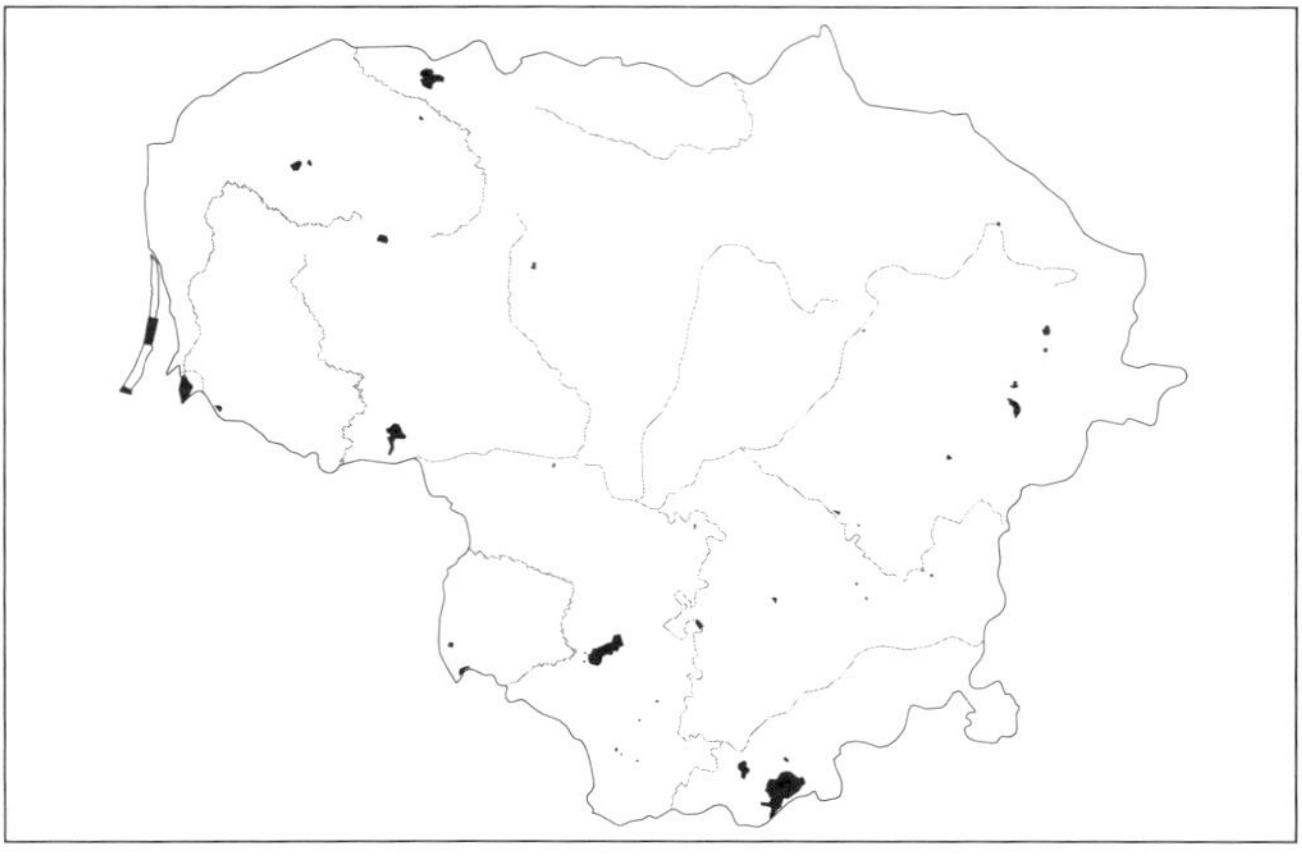

リトアニアの保護区（Rezervatai）と国立公園。リトアニアの保護区は規模の大きいRezervatai（合計6か所）と規模の小さいDraustiniai（合計260か所）に区別されています。加えて、それぞれの地域に国立公園も5つあります。

ず知らずのうちに減ってきました。特に、20世紀に全国で干拓《かんたく》事業が盛大に行われると、残念なことに沼の面積が急に減り、そこに住んでいた植物も動物も絶滅しました。

にもかかわらず、沼は多く残っています。現在、リトアニアの最も重要な湿地の5つは、ラムサール条約で守られています。それから、全ての重要な湿地は国内で保護区となって、そこに数多くの鳥、哺乳類、蛇、昆虫、絶滅危惧種の植物も幸せに生きています。

ね ネリヤ Nerija

ドイツとリトアニアの文化が融合した世界遺産の海岸部

リトアニアの海に来たら、ぜひネリヤを見てください！ ネリヤ（Nerija）は、リトアニアの西にある細長い砂州《さす》です。地図を見ると、ちょっと変わったところがありますね。およそ100キロメートルの細長い砂州は、ロシアのカリーニングラード州とリトアニアの港町のクライペダをつなぎます。砂州の幅は最も広いところで4キロメートル、最も狭いところは300メートルしかないです。この砂州はバルト海の一角を仕切っていて、そこにクルシュ海（Kuršių marios）があります。大陸から多くの川が流れ込むクルシュ海は淡水のラグーンで、さまざまな美味しい淡水魚が獲《と》れます。

リトアニアの海岸、ネリヤにいらっしゃる観光客は、「ああ、やっぱりここは文化が違うね」と驚きます。ここは長い間ドイツ領でしたので、ドイツの影響がよく感じられるのです。ドイツ式の建築、プロテスタントの教会などが続々と見当たります。

13世紀に、バルト海の東の海岸に住んでいた「野蛮人」のバルト族の土地を占領するために、**十字架**（↓45ページ）をもたらしたチュートン騎士団が海からリトアニアに入って、海岸線に次々と港を作りました。最も重要な港はエストニアのレバル（現タリン）、ラトビアのリーガ、カリーニングラード州のケーニヒスベルク（現カリーニングラード）とリトアニアのメーメル（現クライペダ）でした。港からリヴォニア（現ラトビアとエストニア）とプロシア（現カリーニングラード州と北ポーランド）の植民地化が順調に進んでいきました。それに対して、リトアニアでは十字軍に抵抗して**大公国**（↓98ページ）ができ

クルシュ海の地図

たので、植民地にされませんでした。ドイツの支配下に残ったのは、リトアニアの海岸部だけです。

現在のカリーニングラード州、北ポーランド、リトアニアの海岸線には、古来リトアニア人と共通の言葉を話していたプロシア族（prūsai）が住んでいました。ドイツ人がケーニヒスベルクという都市を作ってプロシア族の土地を植民地にしてから、数百年でプロシア人は言葉を失ってドイツ語を話すようになりました。ただしプロシアという地名は残って、その後もドイツ領土の名前として使われています。

十字軍で人口が減少したプロシアに、14世紀頃よりリトアニア大公国からリトアニア人が入り、ドイツの領土で労働力として活躍しました。そういう風に知らず知らず、東プロシアではリトアニア人が大多数になって「小リトアニア」が形成されました。このような複雑な歴史を持つネリヤ、クライペダなどの地域では、古代のプロシア、ドイツ、リトアニアの文化が融合した独特な文化を体験できます。

ネリヤは痩《や》せた砂地で畑がほとんど作れないので、昔からクルシュ

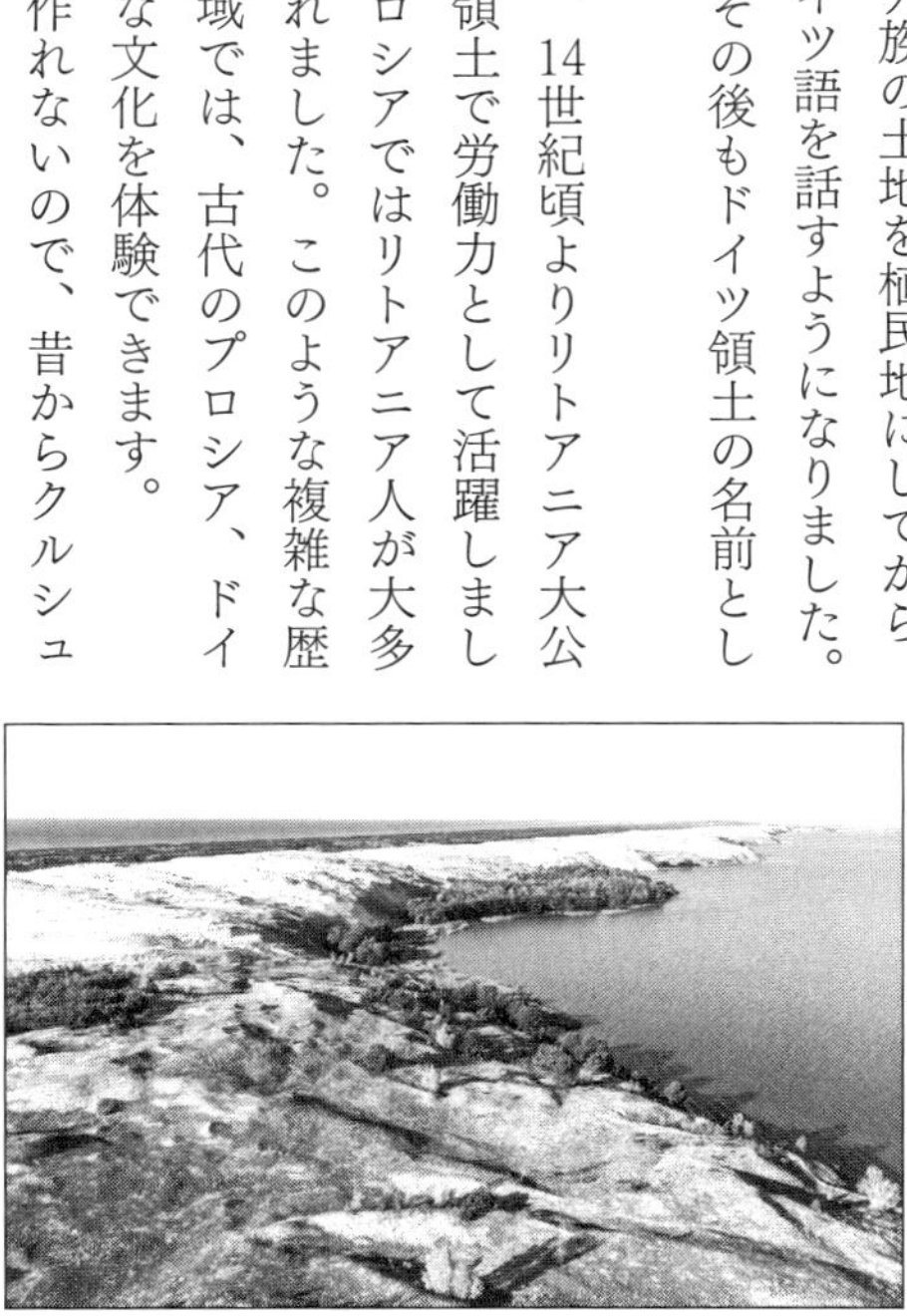

ニダの砂丘の風景（R.Kilinskaitė 撮影）

海で魚を釣って生活していた漁村が多かったです。土地のほとんどは松の森林で覆《おお》われてもいました。ただし、17世紀には森林が伐採されてかつての1割に減り、やがて森のない砂地が砂漠化して砂丘ができました。その影響で、多くの漁村が砂に覆われて消えてしまいました。

19世紀に、砂州の砂漠化を防ぐためにドイツ政府による大規模な植林が進んで、現在、森林がこの地域の面積の7割以上を占めています。砂丘が残っているのは12%です。砂丘は特にニダという町の近く、リトアニアとロシアの国境の両側に及んでいます。この砂丘は独特の歴史と美しい景色で、2000年にユネスコによって世界遺産に登録されました。

ネリヤには砂漠化する前は数十の漁村がありましたが、今まで残っているのは8つしかありません。北から順にリトアニアのスミルティーネ（Smiltynė）、ユオドクランテ（Juodkrantė）、ピャルヴァルカ（Pervalka）、プレイラ（Preila）、ニダ（Nida）で、それからロシアのモルスコエ（Морское）、リバチ（Рыбачий）、レスノイ（Лесной）です。ただし、漁村の姿は既に失ってしまい、徐々にリゾート地になっています。数百年前からネリヤの**素朴**（↓154ページ）な自然の景色はドイツの作家、画家、哲学者に好まれて、多くの有名人がここでゆっくりと時間を過ごし、作品を作っていました。その中には、ニダで別荘を持っていた作家のトーマス・マン（Thomas Mann）もいます。

全ての集落はバルト海ではなく、クルシュ海の海岸に面しています。かつてはクルシュ海周辺の漁村と一緒ににぎやかなネットワークができていました。クレーナス（kurėnas）という独特の帆船を使って、魚を釣ってお互いに売買していました。船のマストの上に特別な風見鶏《かざみどり》を付けるのは必須でした。その風見鶏は船のパスポートのような役割があって、船の出身地、家族の宗教、大きさ、年齢などが遠くから分かります。

クレーナスと風見鶏

リトアニアには海についての神話が多いです。その中でも誰でも知っている有名なものが「蛇の女王のエグレ」の伝説です。それはこんなお話です。

ある日、三人の姉妹が海遊びをして海岸に戻ったら、服の上に怖いヤマカガシが寝ていました。自然崇拝で神聖な動物とされたヤマカガシは**森**（→70ページ）の動物であると同時に、海の生き物でもあります。服を取り戻すために、最も若い妹のエグレ（Eglė）は、嫌々ながらヤマカガシと結婚する約束をしました。一緒に海の底に行って、ヤマカガシはジルヴィナス（Žilvinas）という美男子になって、二人で恋に落ちて幸せな生活を送りました。子供

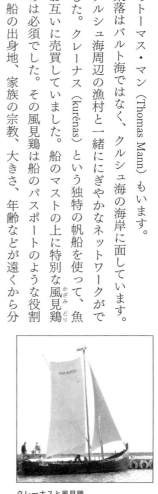

も4人生まれました。やがて十数年たってから、故郷が懐かしくなったエグレは、子供を連れて里帰りしました。しかし、彼女を二度と海に帰さないために、お兄さんたちがこっそりとジルヴィナスを海から呼びだして、彼を鎌で切り殺しました。

最後に、子供を連れて海に帰ろうとしたエグレは、海岸に行って愛おしく夫を呼びます。ジルヴィナスは来ません。代わりに海から黒い血の泡が現れます。恐ろしい真実が分かったエグレは、家に帰りたくなくなり、息子をオーク、トネリコ、シラカバに、それから若い娘をヤマナラシの木に化けさせます。最後に、自分はトウヒの木に化けて、ずっと海を見ながら夫を待っているそうです。

歴史的にリトアニア大公国は典型的な大陸の国で、領土がバルト海に面することはほとんどありませんでした。第一次世界大戦で負けたドイツ帝国からリトアニア人が住んでいる一部地域（ネリヤを含む）が分けられ、１９２３年に史上初めてリトアニア共和国の一部になりました。その時以来、リトアニアの海岸線はおよそ１００キロメートルです。

エグレと四人の子供の木彫刻

現在とても大事にされているこの海岸線がもたらすのは、ビーチやリゾートだけではありません。重要な港のクライペダもバルト海最北の不凍港で、一年中リトアニアの「海の扉」として活躍しています。ここからリトアニアの農産物や先端技術の製品を積んだ船が出港し、ここにリトアニアの**エネルギー**（↓184ページ）を動かしているLNGターミナルもあります。

き　季節　Metų《ミャトゥー》 laikai《ライカイ》

寒いだけじゃない！　リトアニアの四季と年中行事

リトアニアの気温は、日本人にとっていつも気になるトピックでしょう。リトアニアと聞くと、日本ではすぐに「寒いですね」という反応があります。はい、冬はマイナス20度になったりすることもあります。リトアニアの緯度は北海道ぐらいなので、気温、四季の移り変わりも似た点が多いです。

日本と同様にリトアニアは四季があって、カレンダーの上でそれぞれ三か月あります。

ところで、リトアニアの月の名前は大変独特です。ヨーロッパの言語では月の名前はだいたいラテン系のJanuary、February……というような名前を使っています。それに対して、リトアニア語では月の名前は自然現象、植物、鳥の名前と関連します。それは、日本の旧暦の睦月《むつき》、如月《きさらぎ》のような名前です。

さあ、リトアニアの季節を見ていきましょう。

早春（3月）　自然の復活

3月1日からカレンダー上で春が始まりますが、本当の春の雰囲気はまだまだです。年によっては雪も残り、零下の気温が続く場合もあります。ただし、3月に森と庭で土から出始める早春の地味な花は、春の証です。それはスノ

1月	Sausis	乾いた月
2月	Vasaris	夏に近い月
3月	Kovas	カラスの月
4月	Balandis	ハトの月
5月	Gegužė	カッコウの月
6月	Birželis	シラカバの月
7月	Liepa	ボダイジュの月
8月	Rugpjūtis	ライ麦を刈る月
9月	Rugsėjis	ライ麦を蒔く月
10月	Spalis	亜麻屑の月
11月	Lapkritis	落葉の月
12月	Gruodis	凍土の月

リトアニアの月の名前とその意味

早春の地味な花

ードロップ、フキタンポポ、ミスミソウなどです。春分になるとこんな花が多く咲いています。子供の時、母と一緒に森に行って、咲いているバッコヤナギの枝、ミスミソウを集めて家に帰ったという思い出が強いです。もうすぐ**イースター**（↓49ページ）という雰囲気です。

春（4月～5月）　庭が咲く時

春分を過ぎてから本当の春の盛りになります。急に暖かくなって、庭に華やかな花も咲いて、中でもスイレン、スミレ、サクラソウ、チューリップなどは一番代表的な春の花です。5月になると、庭の木の花も満開です。庭の木と言えばサクランボ、プルーン、洋ナシ、リンゴです。香ばしい香りが漂《ただよ》って、ミツバチがブンブン庭を飛んで忙しくなります。ただ、五月の気温には気を付けましょう。時々、急に寒くなる場合もありますよ。

夏の初め（6月）　草原が咲く時

6月は自然が咲き続けています。ただし、今度は庭の果樹ではなく草原と畑です。この季節にリトアニアを訪れる

夏の草原の花々

と、さまざまな色が楽しめます。まっ黄色な菜の花、真っ赤なポピー、真っ青なアマとヤグルマソウ……確かに、最も色の多い季節です。この月、夏至祭（**ヨハネの日**（↓53ページ））も祝われます。

夏（7月〜8月）緑の勝利

夏至を過ぎた7月と8月は夏のピークです。緑が多く、気温は25度ぐらいでリトアニアの最高の季節です。観光にもベストシーズンです。多くのリトアニア人はこの季節に休みを取って、海岸、ビーチ、湖の畔《ほとり》、別荘などで休んでいます。街中ではさまざまなイベントが行われます。私はリトアニアにいるときには、庭のテラスでコーヒーを飲んだり、庭の仕事をしたりします。

秋（9月〜10月）紅葉

9月1日は学校が始まるので、夏に落ち着いていた町に緊張感が感じられます。休みから戻ってきた人々や車で道が混んでいます。8月

黄金の秋

末から気温が下がり始めて、徐々に秋になります。雨が多くなって、場合によって夜の気温は零度まで下がることもあるので、気を付けましょう。10月に近づくと紅葉し始めて「黄金の秋」に入ります。黄色、オレンジ、赤の葉っぱの絨毯《じゅうたん》を散歩してみませんか。

晩秋（11月） 雨と霧

私の一番嫌いな月は、11月です。葉っぱも落ちて、空もどんよりで、あまり魅力がないです。また雨も多く、場合によっては霰《あられ》、霜《しも》、雪……まあ、11月の天気は変わりやすく、分かりにくいです。

冬（12月～2月） 雪とクリスマス

11月末から長いリトアニアの冬に入ります。1月や2月には気温はマイナス20度まで下がります。ただし、こんな気温が一週間以上続くことはめったにないのでご安心ください。普通はマイナス数度です。でも、冬は日が短いので、寒さより暗さが南の国の人にとって苦しいみたいです。冬は夜が長くて、仕事に出るときは真っ暗、仕事から帰る時も真っ暗ですよ。

このように一見すると冬はかなり苦しく見えるにもかかわらず、楽しいことも多いです。冬にリトアニアにいらっしゃったら、ぜひ**クリスマスマーケット**（↓60ページ）で散歩しましょう、凍った湖の上を歩きましょう、暖かい家で熱いハーブティーを飲みましょう。

リトアニアの雪景色

さ　サウナ　Pirtis《ピリティス》

フィンランドとは違うリトアニア式サウナ

「サウナ」は、リトアニア式のお風呂に対しては、正しくない言い方です。サウナはフィンランド語の言葉で、対してリトアニア語ではピリティス（Pirtis）と言います。また、リトアニアと隣のラトビアのピリティスは、エストニアとフィンランドのサウナ、ロシアのバーニャとかなり違いますよ。

ピリティスはリトアニアに数千年も存在する文化で、最古の首都**ケルナヴェ**（↓95ページ）でもその跡が発掘されました。素朴なピリティス小屋の石塚の下で火が焚《た》かれると室内が暖まります。煙突のない小屋には煙が溜まって、そのせいで壁は真っ黒でした。このタイプの「煙のピリティス」の伝統は未だに続いています。

少し歴史の話をしましょう。中世、ポーランドの王様が亡くなった時、ポーランドの使節はリトアニア**大公ヨガイラ**（↓98ページ）をポーランド王の娘のお婿《むこ》にもらおうと考え、ヴィリニュスに下見に行きました。このとき、「リトアニア人はみんな獣のように毛むくじゃら」という噂《うわさ》があったので、ポーランドの使節がヴィリニュスでヨガイラと一緒にピリティスに入って確かめ、「ヨガイラ氏は中々いい体格の男性でイケメンです」とポーランドに報告しました。その結果リトアニア大公はポーランド女王と結婚して、ポーランド王になったのです。

私は恥ずかしいことに長い間サウナにはまっていて、リトアニアのピリティスを初めて体験したのは、わずか数年前です。しかしそれ以来、サウナだけでは満足できません。一回ピリティスを体験した日本

ピリティスの様子

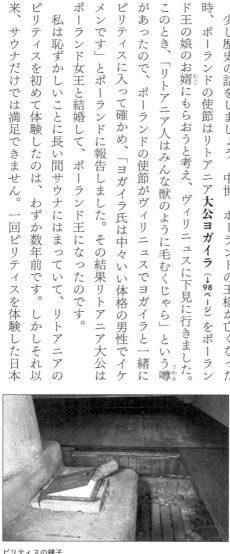

人の友達も同じことを言いました。ただ熱さを我慢してから水風呂に入るだけでなく、ピリティスにはさまざまな楽しみ方があるのです。

ピリティスに欠かせないのはウイスキング（pėrimas）。これは、葉っぱの束で体をたたく技術です。葉っぱの束はヴァンタ（vanta）という名前で、さまざまな葉っぱ（カエデ、シラカバ、ボダイジュなど）あるいは針葉樹の枝から作られます。ピリティスマスターは、事前に季節ごとにハーブの効果を考えて草葉を束ねておき、ヴァンタで体を撫《な》でたり、激しくたたいたりします。ヴァンタのおかげでピリティスに自然感がたっぷり入って、五感で満喫できます。

ピリティス室に入ると、「あれ、寒くない？」と思われるほど涼《すず》しいです。でも、ピリティスマスターがロリュムと換気《かんき》の技術で蒸気《じょうき》をうまく調整すると、温度差も激しくなります。

あくまでも、ピリティスの本質は空気ではなくて水、蒸気です。

伝統的な入り方は四回で、四季を表しています。一回目（冬）にぬるいスペースで体を起こすこと。二回目（春）で皮膚《ひふ》に塩を擦《す》って汚

ヴァンタの様子

れをなくすこと。三回目（夏）に本格的にヴァンタでたたくこと。最後（秋）に体に蜂蜜やベリーを塗って肌に栄養を与えること。それぞれの間に湖や池に入ったり、自然の中で**落ち着いて**（↓32ページ）休んだりして、ピリティスは数時間楽しむのが普通です。

リトアニア語のピリティスという言葉は、perėti（卵を孵《かえ》す）に由来しているそうです。ピリティス自体が卵、子宮の暗い中を表していて、そこで人間が生き返ることを意味しています。ピリティスでは人が一度死んで、そのあと生まれ変わったように体が整います。

現代のストレスがたまる世界で、ピリティスのような体験は本当に貴重です。皆さん、ぜひ一度ピリティスを体験しましょう。

ピリティスマスター

第4章

歴史、観光、日本とリトアニアの絆

Istorija, lankytinos vietos, Lietuva ir Japonija

日本人にとって、リトアニアの歴史は本当に難しいようです。その理由は、外からほとんど攻められていない島国の日本には、何回も自由を失った国の歴史が分かりにくいからでしょう。リトアニアは、二回もロシアに占領された経験があって、「リトアニア」という国家は三回も存在しました。

皆さんは、お誕生日は年に1回だけでしょう。日本でも建国記念日は年に一回だけでしょう。それに対して、3回も生まれ変わったリトアニアは、年に3回の「お誕生日」を祝います。1253年にリトアニア大公国ができた7月6日（建国記念日）、1918年にロシア帝国から独立した2月16日（国家回復の日）、1990年にソ連から独立した3月11日（独立回復の日）。ややこしいですが、リトアニアの歴史を少しでも分かっていただければ、その**アイデンティティ**（↓14ページ）、文化も分かりやすくなりますね。

それではリトアニアの歴史や古都を解説しましょう。まずは古代からです！

<table>
<tr><td rowspan="2" colspan="2">帝政ロシア支配下
1721〜1917</td><td>エストニア共和国
1918〜1940</td><td rowspan="3">ソ連占領</td><td>エストニア共和国
1991〜</td></tr>
<tr><td>ラトビア共和国
1918〜1940</td><td>ラトビア共和国
1991〜</td></tr>
<tr><td></td><td>帝政ロシア支配下
1795〜1914</td><td>リトアニア共和国
1918〜1940</td><td>リトアニア共和国
1990〜</td></tr>
<tr><td>江戸</td><td>明治</td><td colspan="2">大正・昭和</td><td>平成・令和</td></tr>
</table>

け　ケルナヴェ　Kernavė

一見地味だけどリトアニア最古の時代がわかる世界遺産

２００４年に世界遺産に登録されたケルナヴェは、世界遺産としてはちょっと地味です。特に事前知識がなければ、見に行ったら「え、これ!?」と驚くでしょう。ケルナヴェは、アンコール、ピラミッド、万里の長城の壮大な風景と違って、考古学の面で大事な遺産なのです。その意味で日本の「百舌鳥《もず》・古市《ふるいち》古墳群」に似ています。遺跡の隣にわずか数百人が住む町しかないケルナヴェは観光客も少ないので、交通の便もよくありません。でも、ぜひ訪れてほしいです。

ケルナヴェはリトアニアの歴史を物語る遺跡です。ネリス川の

<table>
<tr><td>フィン部族</td><td colspan="4" rowspan="2">ドイツ領土
（リヴォニア連盟）
1207〜1561</td><td colspan="2">スウェーデン領</td></tr>
<tr><td>フィン・バルト部族</td><td colspan="2">同盟国の領土</td></tr>
<tr><td colspan="2">バルト部族</td><td colspan="5">リトアニア大公国　1253〜1795
（1569〜ポーランド・リトアニア同盟国の一部）</td></tr>
<tr><td>平安</td><td colspan="2">鎌倉</td><td>室町</td><td colspan="2">桃山</td><td></td></tr>
</table>

バルト三国と日本の歴史の比較表

川沿いには一万年以上前から人が住んでいました。13世紀（日本では鎌倉時代）にチュートン騎士団が侵攻してきた時に、攻撃を防ぐために住民が川から離れて、そこに5つのヒルフォート（piliakalnis）とその間の谷を使って、複雑な木造の都市ができました。このとき、リトアニアの最大の都市として栄えていたケルナヴェは、このリトアニアの国家の最も古い時代を代表しています。

昔は丘の上に木造のお城が建っていたのですが、現在は表情豊かな地形の丘しか残っていません。それぞれのヒルフォートは名前と伝説があります。ネリス川、平野、自然崇拝の原始林、ヒルフォートは、展望台から見ると綺麗な見晴らしになります。ケルナヴェを訪れたら、自然を楽しみながら全部の丘に登るのは必須ですよ。ただし結構ハードです。

この川と平野と丘の景色は**季節**（↓83ページ）ごとに変わって、いつも見事です。緑に恵まれた夏、紅葉の黄色に輝く秋、雲海に覆われた冬。谷に霧がかかって、その上に出っ張る丘の頂《いただき》は神秘的な景色になります。

ケルナヴェの景色　©Dalia Vaičiūnienė

14世紀になると、リトアニアの首都はトラカイ、後にヴィリニュスと呼ばれる場所に移されて、ケルナヴェの重要性は落ちました。1390年には火事で全焼したケルナヴェから住民が移りましたが、彼らが使っていた家、日常品などが今でもたくさん残っています。発掘によって一万年に及ぶさまざまな時代の物が発見されるので、ケルナヴェは考古学者に好まれています。また、ヨーロッパの中で重要な考古学の遺跡です。

現地の野外博物館ではケルナヴェの町の木造建築が再現されていて、約千年前の鍛冶、宝石屋、**サウナ（ピルティス）**（↓88ページ）などの日常生活が体験できます。斧《おの》しか使わない、釘などを使わないという**素朴**（↓154ページ）な建築は、相当の努力や技術を要しました。

それから考古学博物館も忘れずに行きましょう。ケルナヴェの職人が作った飾り、木、皮、骨、角からできたものが展示されています。この展示を見た私は、リトアニアの貿易のネットワークにも驚きました。昔からリトアニアに住んでいたバルト族はローマ帝国と貿易し、**琥珀**（↓157ページ）の道ができました。また、中世にリトアニアの木材、蜜蠟がヨーロッパのさまざまな国に輸出されていたのもわかります。

ケルナヴェ野外博物館

夏のケルナヴェは活気に溢れています。リトアニア国内・国外を問わず考古学者、学生、就学児童たちが参加する考古学的な探検イベントが、リトアニアが独立して以来、毎年行われています。ケルナヴェはリトアニアの自然崇拝の首都なので、**ロムヴァ**（↓42ページ）にも好まれていて、ここで**ヨハネの日（Rasos）**（↓53ページ）、秋分祭（Dagotuvės）などが開催されます。また、リトアニア大公国の建国記念日（7月6日）に、中世的な職人芸、模擬戦闘、民俗音楽などを見聞きすることができる古代祭（Senovės amatų dienos）も有名です。

た

大公国 Didžioji《ディジョイ》 kunigaikštystė《クニガイクシティーステ》

リトアニアは欧州最大の国だった

リトアニアは昔、欧州最大の国だったことを知っていますか？

古代祭

この話がリトアニア人は大好きです。過去の出来事で法螺《ほら》を吹くのは馬鹿な自慢かもしれませんが、小国リトアニアの人は、大国のアイデンティティを持っています。小学校からリトアニア大公国の話を覚えます。

13世紀、現在のリトアニアを含むバルト族が住んでいた地域にチュートン騎士団がやってきました。リヴォニア（現：ラトビアとエストニア）とプロシア（現：カリーニングラード州）は現地の住民の抵抗が負けて植民地化され、ドイツの領土になりました。それに対してリヴォニアとプロシアの間に住んでいた部族が国を形成し、１２５３年に「リトアニア」が生まれました。

リトアニアの設立の代表者は、ミンダウガス王（Mindaugas）でした。彼自身が、チュートン騎士団との対立を和《なご》ませるために洗礼式《せんれい》を行ったので、やがてローマ法王と仲良くなってリトアニア唯一の王様となりました。彼の後を継いだリトアニアの支配者（ゲディミナス朝）はキリスト教に抵抗していたので、当然ローマ法王との関係が悪かったのです。ヨーロッパ各国の皇帝と国王を認める権利を有していたローマ

ミンダウガス王の像

法王は、後のリトアニアの支配者を「国王」と承認しなかったので、みんな「大公」と呼ばれています。

それでこの王朝はリトアニア大公国と呼ばれているのです。

ミンダウガス王の時に、リトアニアの大きさは現在のリトアニアとほぼ一緒でした。しかしその後２００年で急速に拡大して、15世紀にはバルト海から黒海まで及ぶ欧州最大の国家になりました。ベラルーシ、ウクライナ、ロシアの一部、ポーランドの一部を支配したリトアニア大公国は、現在のリトアニアの15倍の面積を占めていましたよ。

不思議なことに、国がこんなに大きくなるにあたって戦争はほとんどしませんでした。東欧でスラブ最大の国であったキーウ・ルーシは既に弱く、小さな諸国に割れてしまっていました。それで地図に空白があったのです。同時に、ユーラシア大陸にできたモンゴル帝国は次々戦争を起こして、東欧に近づきました。スラブ諸国は東にあるモンゴルから自力で自衛できず、西側にあったリトアニア大公国を頼りました。リトアニア大公は、諸国の公と政略結婚で関係を強めて、諸国を守るためにモンゴル帝国と何回も戦っていました。

15世紀ヨーロッパの地図

ある意味で、ヨーロッパを「ステップの野蛮」から守っていたのです。

ところで余談ですが、当時、リトアニア大公国と仲良くしなかったスラブ諸国の一部（モスクワ周辺の部分）は、モンゴル帝国の家来になりました。そこから、数百年後、ロシアという国が誕生します。

リトアニア大公国が栄えた14世紀から15世紀は、モンゴルと対立していた一方、ヨーロッパの国々と友好的な関係を築きました。

例えば、1382年に隣のポーランドの王様が亡くなって、王位を継ぐ息子がなく、娘のヤドヴィガ（Jadwiga）に最適な結婚相手を探していたとき、当時のリトアニア大公のヤゲヴォ（Jogaila、リトアニア語の発音はヨガイラ）が候補に挙がりました。ポーランドの貴族は、リトアニアは大きくて強くても、まだキリスト教を受け入れていないと悩み、「ヤゲヴォは獣のようなもじゃもじゃしたものじゃないかしら？」とも思ったようですが、結局、ヤゲヴォが無事に結婚してポーラ

ヴィーテニス（Vytenis）	1295–1315
ゲディミナス（Gediminas）	1316–1341
ヤヴヌティス（Jaunutis）	1341–1345
アルギルダス（Algirdas）	1345–1377
キャストゥティス（Kęstutis）	1381–1382
ヤゲヴォ（Jogaila）	1377–1392
ヴィータウタス（Vytautas）	1392–1430
シュヴィトリガイラ（Švitrigaila）	1430–1432
ジグムント（Žygimantas）	1432–1440
カジミエシュ（Kazimieras）	1440–1492
アレクサンデル（Aleksandras）	1492–1506
ジグムント（Žygimantas）	1506–1548
ジグムント2世（Žygimantas）	1548–1572

ゲディミナス・ヤゲヴォ朝の支配者

ンドの国王になり、ポーランドのヤゲヴォ王朝が始まりました。この王朝はある時期、チェコとハンガリー帝国の王様にもなりましたので、リトアニア出身の王朝は、ヨーロッパ大陸の半分ぐらいを治めていたことになります。すごいでしょう。

オーストリアを中心に、200年前に欧州の大部分を治めたハプスブルク王朝はよく知られていますが、ヤゲヴォ王朝は同じ規模の国を500年前に作っていたのです。

やがて、リトアニアの公子がポーランドの国王になったのがきっかけで、両国の関係が徐々に密接になり、1569年にポーランド・リトアニア同盟国が出来上がりました。両国がお互いに助け合って、お互いを憎み合ったとても複雑な関係は、その後300年くらい続きました。同盟国の中で、ポーランドが王国でリトアニアが大公国という違いもありましたが、やがてキリスト教を受け入れたリトアニアはポーランド経由で西ヨーロッパの文化も受け入れたので、貴族はポーランド語を同盟国の共通語にしました。それと同時に、農民はリトアニア語を使い続けていました。

大公国の繁栄を記念するヴィリニュスの「大公の宮殿」

ただし、リトアニアがポーランドの領土になったというわけではありません。同盟国の中では両国の間の国境も定められていたし、それぞれの軍隊、法律、国会、通貨も異なっていました。当時のヨーロッパには、こんな同盟国がいくつか見られます。例えば、デンマーク、スウェーデン、ノルウェーの同盟国などですね。同盟国で貴族がある言葉を共通語として使っていた例も多いです。例えばチェコの貴族はドイツ語を使用していましたね。

と　トラカイ　Trakai

3つの城を持つリトアニアの古都

トラカイへようこそ！

先ほど申したように、トラカイはリトアニアの古都のひとつです。夏のトラカイに着くと、まずお城の美しさに圧倒されます。このお城は湖の中の島に建てられていて、煉瓦《れんが》の赤、木の緑、湖と空の青、そして天気が良ければ雲の白が本当に美しいです。船、足漕ぎボート、ヨットも数多く、釣りをやっている人々もいます。トラカイには5つのつながった湖があって、最も大きいのはガルヴェ湖（Galve）です。名前は「頭」(Galva) に由来して、昔この湖に人間の生《い》け贄《にえ》を犠《ぎ》牲《せい》にしたという伝説にちなんでいます。

お城自体は14世紀のもので、ゴシック建築様式です。ゴシックの文化は北ドイツからリトアニアに入ってきたので、北欧、北ドイツによくみられる赤煉瓦でできています。西洋建築にそこまで詳しくなくても、リトアニアの町を歩いて旧市街の赤煉瓦を見たら、「これはゴシックだ！」と専門家のように言ってみてください。ほとんど間違いないですよ。

それではお城の中に入りましょう。日本のお城のように天守閣、本丸、二の丸からなります。本丸にはリトアニアの歴史博物館があり、リトアニア大公国の話をいっぱい知ることができます。それを見て皆さんも気づくかもしれませんが、このお城で最も尊敬されている人物がいます。

ガルヴェ湖に浮かぶトラカイ城

それはヴィータウタス大公です。

日本で言えば織田信長か徳川家康のように、みんなに知られたヒーローです。リトアニア人の名前は複雑だと思いますが、歴史を知る上ではヴィータウタスだけ覚えておけば十分でしょう。ヴィータウタスの像はリトアニアの各地にありますし、この名前は男性の中で大変人気がありますよ。

ヴィータウタス大公の時にリトアニア大公国は最大の面積を占め、最も繁栄した時代を迎えました。ヴィータウタスのいとことなるヤゲヴォはポーランド王になって、１４１０年に両国の同盟軍は当時の最も怖い敵、チュートン騎士団を破りました。これはタンネンベルクの戦いで、ドイツにとって歴史上で最も悔しい敗北でした。リトアニア語でこの戦闘はジャルギリス（Žalgiris）という名前で、バスケチーム、サッカーチームなどの名前にもなっています。タンネンベルクの戦いの英雄は、間違いなくヴィータウタス大公です。

なぜトラカイ城でヴィータウタスがそんなに尊敬さ

タンネンベルクの戦いの中心人物になっているヴィータウタス大公

れているのでしょうか。

それは、トラカイが彼の出身地で、基地でもあり、リトアニアの大事な中心地だったからです。湖の中のお城だから敵から攻められにくくて、とても戦略的にいい場所でした。実は、トラカイにはお城が三つもありました。ヴィータウタス大公によって建てられた一番新しい「島のお城」の他に、彼のお爺《じい》さんのゲディミナス大公が1316年に設立した「古トラカイ城」（現在残っていない）と、その息子のキャストゥティス大公が設立した「半島のお城」（現在廃墟状態）です。この三つのお城がリトアニア大公の三世代を象徴します。

ヴィータウタス大公のもう一つの功績は、トラカイに住んでいるカライメ族（karaimai）にまつわるものです。この民族はトルコ系の言葉を話し、昔からクリミア半島を含む南ウクライナに住み、ユダヤ教に基づいた宗教を信仰していました。ヴィータウタス大公は、カライメ族をリトアニアに招待し、彼らはトラカイに住み着いてお城を守る仕事をするようになりました。カライメ族の人口は増え、この土地の大事な少数民族となりました。伝統によると、カライメ人の家の窓はい

カライメ人の家

つも三つと決まっています。一つ目は神様用、二つ目は自分用、三つ目は……ヴィータウタス大公用。

カライメ人は現代まで伝統、民族衣装、宗教を守り続けています。アジア大陸とつながった食文化を保っていて、代表的なのはキビナイ(Kibinai)というミートパイです。トラカイにいらっしゃったら、ぜひキビナイを食べてみましょう。あと、琥珀、蜂蜜、木細工などのお土産も忘れずに。

ゐ　ヴィリニュス　Vilnius

リトアニアの首都にして古都

ヴィリニュスへようこそいらっしゃいました！
リトアニアには「ケルナヴェは銅門、トラカイは銀門、ヴィリニュスは金門」という言

トラカイのお土産

い伝えがあって、13世紀～14世紀のリトアニアの三つの首都を示しています。三つの町は互いに30キロメートルほど離れていて、三角形の位置関係にあります。ヴィリニュスは今でもリトアニアの首都として存在しています。

ヴィリニュスという都市の誕生については、面白い伝説があります。リトアニアのゲディミナス大公は、ネリス川とビリネレ川の合流点にあった茫々《ぼうぼう》した原始林で狩猟をして、大きな野牛を狩り立てました。やがて疲れてオークの木の下で寝付いて、夢を見ました。夢の中では丘の上で鉄のオオカミが大きな声で吠え、その声は広く響いていました。起きた大公は近くに住んでいた自然崇拝の預言者を訪れ、夢の解説を頼みました。預言者は「この場所に町を建設したら、その町の名誉は世界中に響く」と夢占いしました。それを聞いた大公は丘を築き、その上にお城を建て、ヴィリニュスという町を建設してリトアニア大公国の首都にしました。

また、大公は1323年に手紙を書いて、欧州の各国に送りました。その手紙は「ヨーロッパの商人、職人を招待します。どうぞみんなでヴィリニュスに住んで、一緒に綺麗な

ヴィリニュス旧市街の景色 ©Go Vilnius

町にしましょう」というものでした。それでヴィリニュスは徐々に拡大し、文化、宗教の多様性に富んだ立派な都市になりました。

でも、カウナスで生まれ育った私にはヴィリニュスの話は難しいです。日本の東京と大阪みたいに、リトアニアの首都と二番目の都市はお互いにあまり仲がよくないです。カウナス市民としてヴィリニュスの悪口を言わなきゃ!? 他方、個人的にヴィリニュスが大好きです。どうしようかな。

まず言えることとして、1994年に世界遺産に登録されたヴィリニュス旧市街は素晴らしいです。生きている野外博物館と言われるほどに古い建物が並んだ、迷宮のように絡み合っている狭い路地を歩くと、16世紀や18世紀にタイムスリップした感覚になります。迷子になるのは楽しいです。

さまざまな建築様式は木の年輪のようにヴィリニュスの歴史を表します。最も古いのはトラカイ城と同じ時代の赤煉瓦のゴシックです。16世紀はルネサンス、

ヴィリニュス旧市街の建築の色々
(上：Augustas Didzgalvis撮影、下：©Go Vilnius)

17世紀はバロック、18世紀は古典様式という風に並んでいます。特に多いのはバロックで、イタリアからきた豪華なバロックの文化が当時の貴族に好まれ、ヴィリニュスでは多くの教会や修道院が建てられました。形、装飾、金箔、色の多様性に富んでいるバロックは、光と影、生と死の遊び、幻の世界です。

旧市街の一角を占めているヴィリニュス大学もバロック時代のものです。1579年にイエズス会によって設立されたこの大学は、ポーランドのクラクフ大学、エストニアのタルトゥ大学と並んで重要な学問の中心になりました。また、欧州の最も東にあった大学でした。この地域のさまざまな民族の人がここで学んで、ヨーロッパの学問に貢献しました。

私はヴィリニュス大学の旧天文学部の塔についている風見鶏が大好きです。キリスト教の十字架にユダヤ教のダビデの星にイスラム教の月……というのは、大学ならびにヴィリニュスの文化の多様性を象徴しています。この都市は、4つの民族（リトアニア人、ベラルーシ人、ポーランド人、ユダヤ人）が自分の文化の中心地として尊敬しています。第二次世界

ヴィリニュス大学の風見鶏

大戦前にヴィリニュスの人口の3割ほどを占めていたユダヤ人は、この町を「北のエルサレム」と呼んでいました。また、タタール人、カライメ人、アルメニア人などの**マイノリティ**（↓200ページ）が多数共存して、自分の伝統を守っていました。

ふ

福沢諭吉 Jukičis Fukudzava

日本で初めてリトアニアの記録を残した人物

「え？ 福澤諭吉とリトアニアに関係があるんですか？」とビックリした声が聞こえます。はい、彼は初めてリトアニアについての記録を残した日本人です。

ご存じの通り、明治維新の直前、幕府によって文久遣欧使節団が欧州大陸に送られました。約30人からなった使節団に福澤は通訳として入り、訪問中に記録を残しました。

リトアニアの**名前**（↓19ページ）が日本語で初めて書かれた1789年、リトアニアはまだ大公国として存在しました。しかし、500年以上も栄えた大公国は、1795年にロシア帝国に占領されてヨーロッパの地図から消えました。福澤らの遣欧使節団がリトアニアにやってきたときは、リトアニアという国は存在しませんでした。

フランス、イギリス、オランダ、ドイツなどを訪れた使節団は、ロシア帝国の首都サンクトペテルブルクに向かい、北方領土問題などを交渉するために一か月近くを過ごしました。その後ベルリンに戻るとき、サンクトペテルブルクとベルリンの間につい最近できた鉄道を使いました。それから、福澤の1862年9月18日の朝の記録を見ると、こんなふうに書かれています。

「朝第7時「コウノ」に着し朝食す　此所に鉄橋あり長サ千八百フートΟ　朝来所見山水声明可愛」

「コウノ」というのは、「カウナス」の町のロシア語名です。つまり、午前7時、カウナス駅に到着した使節団は、ここで朝食をとってから数時間市内を散策したのです。福澤は、

文久遣欧使節団

数年前に建設されたという鉄道橋に感銘を受けました。逆に、電車から降りたちょん髷《まげ》、着物姿の「サムライ」を見た現地のリトアニア人は、どれほど驚いたことでしょうか。

リトアニアがロシア帝国の一部だったにもかかわらず、福澤は、日記にその土地の気候や人の様子がサンクトペテルブルクとは異なることを指摘しました。そして、東欧の平原とそこに放牧された牛や羊に大変驚きました。この日、一行は鉄道でベルリンに向かいました。

この、１８６２年の日本人とリトアニア人の初めての出会いのあと、日本人は何回もリトアニアにきました。１８７３年にアメリカやヨーロッパを訪問していた岩倉使節団もリトアニアを通り、記録を残しました。また、１８９２年に福島安正少佐はベルリンから日本に馬で帰る途中、カウナスにも立ち寄りました。

日本使節団は、欧米から学ぼうという目的で訪問していましたが、しばらくするとリトアニアも日本から学べることが多くなりました。近代化した日本はロシア帝国に挑んで日露戦争を起こしました。１９０５年の「アジアの小国」の勝利に世界が驚いて、これは多くの国の

現在もカウナスにある19世紀の鉄橋

独立運動の刺激になりました。

あるリトアニア人の若者もその勝利に感銘を受けました。それは、ステポナス・カイリース（Steponas Kairys）でした。彼は当時サンクトペテルブルク大学に留学していて、日本が戦争に勝った時に大喜びしました。「日本は凄いね！　大きな帝国を破りましたね」と。「小国の日本が大国のロシアに勝利できるというのは……リトアニアもロシアから独立できる？」と考えながら、日本の勝利の理由を探るため、その社会、歴史、憲法を研究しはじめました。

研究の結果は、１９０６年に出版された三冊の本です。リトアニア語で書かれた初めての日本についての本でした。

その中には、「いざ戦争に参加する時には、日本人は頭のてっぺんからつま先まで武装した。彼らが勇敢に挑んだ相手は、備えることも学ぶこともせず、強いだけの無知な権力者に付き従っている敵だった。彼らの活躍が我が国の兵士とロシア帝国に証明してみせたの

1906年のカイリースの日本についての本

は、自由で聡明な人々というのは、たとえ相手がその3倍の数であろうが、無知な奴隷に打ち勝つことができるということだった」と書かれています。

日本は、国家が信念を持ち、力を結束させ、覚悟を決めれば、小さな国家でもはるかに強い国に打ち勝つことができるという見本になりました。そうして日本は、リトアニアが独立を目指そうとするきっかけともなったのです。

か

カウナス Kaunas

ジーカス大使の故郷にしてリトアニア第二の都

カウナスは私が生まれ育った故郷です。リトアニアで二番目に大きい街で人口はおよそ30万人、大きさでは日本の福島市などに近いです。

カウナスは、リトアニア最大の2つの川（ネムナス川とネリス川）の合流点に位置し、昔から戦略的に最高な場所にあります。そのため中世から商業の町として栄え、さまざまな国から来た商人がここでいろいろなものを販売していました。カウナスの市場広場はバルト三国で最も大きいです。また、ハンザ同盟の町として存在したカウナスの旧市街の町並みや風景からは間違いなくドイツ、北欧の影響を感じます。

しかしながら、カウナス市民が最も誇りに思っているのは中世の旧市街ではなく、それより東にある新市街です。新市街と言っても、100年の歴史を持っていますよ。

それはなぜでしょうか。

100年以上の帝政ロシアの占領の末、第一次世界大戦直後、1918年2月16日にリトアニアは国家としてヨーロッパの地図上に生まれ変わりました。それがリトアニア共和国です。この国はリトアニア語を使う民族が住んでいた地域を国土として認めていましたが、国境を定めるためにさまざまな摩《ま》擦《さつ》が起きていました。例えば、リトアニア古来の首都**ヴィリニュス**（↓107ページ）にはさまざまな民族が住み着いて、自分のものにしていました。それで、軍事力でリトアニアを遥かに上回ったポーランドは、ヴィリニュスを奪いました。

ハンザ同盟の町として栄えたカウナスの旧市街

仕方がなくリトアニア共和国は、ヴィリニュスを名前だけの首都とした上で、第二の都市カウナスを「臨時首都」としました。1940年までリトアニアの中心となったカウナスは繁栄時代に入り、独立できていた22年間で、銀行、映画館、劇場、博物館などの建物が次々建てられました。数十年で本当の首都、大都会になったのです。その象徴的な場所がカウナスの「自由通り」(Laisvės alėja) です。

それで、戦間期(1918年~1940年)のリトアニア共和国といえば、カウナスが近代国家の政治、経済、文化の中心地となり、リトアニアを作った有名人もみんなここに住んでいたという時代なのです。1939年にリトアニアに赴任した日本の副領事の**杉原千畝**(↓120ページ)も、カウナスで領事館を開きました。

当時の建築様式はモダニズムという名前で知られていて、住みやすい、仕事しやすい、光が入りやすいという機能が重要視されました。ドイツのバウハウスの影響で発展したモダニズムに、「リトアニアらしさ」も反映されています。例えば、壁、バルコニー、格子をよく見ると、リトアニアの伝統的な織物、自然崇拝の模様などが見えます。ま

カウナスのモダニズム建築

た、この当時の建築は当時のリトアニア人ができたての若い国に対して感じた未来、夢、楽観主義に溢れています。

２０２３年に、リトアニアの戦間期の独立を象徴するカウナスのモダニズム建築は、世界遺産に登録されました。

リトアニアで近代化が起きた、また一番「リトアニアらしい」町と言われるカウナスは、現在もプライドが高く、首都のヴィリニュスとの関係は、東京と大阪の関係に似たところが多いです。

リトアニアの近代国家ができた所はどこ？

カウナス！

リトアニアでバスケが最も強いところはどこ？

カウナス！

日本との関わりが一番多いところはどこ？

もちろん、カウナス！

１９４０年、リトアニアが独立を再び失い、ソ連支配下のリトアニア・ソビエト共和国になって、首都は占領から戻ったヴィリニュスに遷都《せんと》されました。ソ連政府のコントロールが強かったヴィリニュスに対して、カウナスは割と自由があって、ソ連に対するレジスタンス運動が一番強かった場所でした。例えば、ソ連に禁じられた雑誌がカウナスでこっそりと出版されたし、若者の自由を表すアンダーグラウンドのロック・ミュージックもここで栄えました。

その最も象徴的なエピソードは、１９７２年のカランタ氏の焼身自殺です。ロマス・カランタという若者（19歳）は、カウナスの自由通りでガソリンを体に浴びて火を付けました。彼の日記に「私の死は、政権のせいだ」と書かれていました。死んだ直後、数千人の若者が外に集まってデモが始まりました。多くの人は逮捕されたり、「ソ連の敵」として精神病院で治療を受けたりしました。こんなエピソードは、「カウナスの春」と言われて、ソ連の中で唯一でした。１９６８年の「プラハの春」とそれに次いだヤン・パラフの焼身自殺によく似ています。

ロマス・カランタの書類

す　杉原千畝

Čiunė Sugihara

日本とリトアニアを結んだ人物

日本人にとっては、カウナスと言えば杉原。

リトアニアと日本の歴史には多岐《たき》にわたるエピソードがありますが、最もよく知られているのは杉原千畝の物語でしょう。このカウナス日本領事館の副領事は、1939年から1940年にかけて家族と共に当時の臨時首都のカウナスで暮らしました。この短い間に、彼のおかげで多くの命が救われました。

1900年に岐阜県で生まれた杉原は、名古屋の中学校・高校に通って、1919年に外務省で働き始めました。ロシア語を学ぶためにハルビン市へ派遣された後、ハルビン、東京、ヘルシンキで外交官として務め、1939年の8月に、カウナスへ行くよう命じられました。

杉原の写真

日本とリトアニアの国交関係は1922年に樹立されましたが、当初は大使館も領事館もなく、カウナスに置かれた初の日本領事館はソビエトやナチス・ドイツの動向を追うのに都合が良かったのです。ロシア語が堪能《たんのう》だった杉原はこの任務にうってつけの人材でした。

1939年9月に第二次世界大戦が勃発《ぼっぱつ》し、ポーランドがナチス・ドイツに占領されてから、迫害を受けた多くのユダヤ人難民たちが中立的なリトアニアへ避難《ひなん》し、リトアニア政府や市民の支援を受けながら滞在していました。ただし、1940年の夏に戦場はさらに東へと広がっていったため、ユダヤ人たちはリトアニアからさらに移動しようと必死でした。

1940年の7月から、日本領事館のそばに日本の通過ビザを申請するユダヤ人難民たちが集まっていました。杉原は日本政府からはっきりとした許可を受けたわけではありませんでしたが、1940年7月から8月にかけて2000通以上もの命のビザを発給しました。このように、カウナスで一年を過ごした杉原は、

TRANSIT VISA.
Seen for the journey through Japan (to Suranam, Curaçao and other Netherlands' colonies.) 1940 VIII
Consul du Japon à Kaunas.

No. 987
Le Consulat des Pays-Bas à Kaunas déclare par la présente que pour l'admission d'étrangers au Surinam, au Curacao et autres possessions néerlandaises en Amérique un visa d'entrée n'est pas requis.
Kaunas 24/VII 40

Vilniaus Notaras Antanas
Siaukonis 1940 m. mėn.
d. paliudijo šio dokumento nuorašą
Rejestro

救われたユダヤ人はカウナスからウラジオストクまで鉄道で行って、船で敦賀《つるが》までたどり着きました。現在、その子孫は世界のさまざまなところに住んでいます。

優れた偵察《ていさつ》や優秀な外交官としてだけでなく、人道主義への道を選んだ人間としても特別な存在でした。

実は、カウナスにいたユダヤ人を救ったのは杉原だけではありませんでした。杉原のビザは、難民が一時的に日本に滞在するための通過ビザでした。在カウナスオランダ領事ヤン・ツヴァルテンディクは、最終目的地として難民たちに架空《かくう》のビザを作り出しました。また、シベリア鉄道での長旅を終えた難民たちに手を貸したのは、在ウラジオストク日本国総領事館の根井《ねい》三郎《さぶろう》でした。最後に、駐日ポーランド大使タデウシュ・ロメル氏も大いに貢献した一人でした。

杉原は1985年にヤド・ヴァシェム賞を受賞し、没後1993年にリトアニア政府からも表彰《ひょうしょう》されました。ここ数十年の間に、命のビザの物語は書籍、映画、舞台、音楽など、多種多様な形で伝えられています。リトアニア、日本、イスラエル、アメリカなど、さまざまな国で新たな追想の場が設けられ、私たちの生きる現代にも通じる命のビザの歴史を思い起こさせてくれます。

杉原のおかげで日本とリトアニアは強い絆《きずな》で結ばれています。命のビザの物語で両国は

カウナスにある杉原記念館

お互いを知り合い、さまざまな有意義なプロジェクトが数多く行われ、自治体交流、文化交流、教育交流がとても盛んですよ。

第5章 リトアニアの食文化

Lietuviška virtuvė

や

野生

Laukinis《ラウキニス》

みんなが森でベリーやキノコを採り、自然に近いものにこだわっている

リトアニア人は野生のものを食べるのがめっちゃ好きです。近代的なスーパーがいっぱいあっても、全世界からグローバルな食材が入っても、森や草原で採りたてのものよりいいものは絶対ありません。ただし、そんなものはスーパーにはありません。野生の食材は市場で買いましょう。あるいは、地方を車で走る時に見かける、道端に立っている現地のおばさんが売っているベリーやキノコが一番です。

それで、旬の**季節**（↓83ページ）になると、リトアニア人は森に行きます。ただの森林浴ではないですよ、**森**（↓70ページ）でさまざまな幸を採るんです。5月末ごろから、苔《こけ》の間に可愛い野イチゴ（žemuogės）が実り始め、夏の証になります。草の茎《くき》に通したこのイチゴを家に持ち帰ると、

ベリーの色々

甘い香りが家の中に漂います。リトアニアの感覚では、このベリーは畑のイチゴ（braškės）とは全く別物です。イチゴの次はビルベリー（mėlynės）、ブルーベリー（šilauogės）、キイチゴ（avietės）、クロイチゴ（gervuogės）を採りながら夏を過ごして、秋になると、シーバックソーン（šaltalankiai）、コケモモ（bruknės）、ハマナス（erškėtuogės）の実を摘んで、雪が降っても、**沼**（↓75ページ）で雪の下からクランベリー（spanguolės）が採れます。

リトアニア人は酸っぱいベリーが本当に好きです。初めて日本に来た時、ベリーがほとんど食べられていないことにビックリしました。リトアニアでは長い冬のためにビタミンを多く貯《た》めなければいけないのです。子供の時に一年中、母と一緒に森でベリーを摘むときに嗅いだ森の匂い、木の松濤《しょうとう》などの思い出は多いです。ベリー狩りの後で籠《かご》いっぱいで家に帰ったら、ジャムにしたりジュースにしたり頑張っていましたね。冬にジャムがなければ、リトアニア人は死んでしまうでしょう。

森の幸はベリーだけではありません。キノコもです。リトアニアの森には２００種類以

リトアニアのキノコ類

上の食用キノコが生えてきます。夏と秋のキノコ狩りはとても楽しいです。色々なキノコが摘めますが、キノコの王様と言われるポルチーニが見つかったらみんな大喜びです。ただし、キノコの種類が多すぎて、全部覚えきれません。毒キノコも多くあるので、知らないキノコは絶対に摘まないというルールがありますよ。

　歴史を遡ると、リトアニア人は古来から野生の食材を食べていたらしいです。貧乏な農民だけではなくて、リトアニア**大公国**（↓98ページ）の豪族もそれを好んでいました。豪族と言えば、狩猟が人気のある趣味で、野生のキジ、カモ、ウサギ、シカ、ヘラジカ、クマ、ヤギュウなどを美味しく召し上がりました。私の妻の親戚は猟師で、今でも里帰りするとジビエをご馳走《ちそう》になります。妻の出身のズーキヤ地方は森が多く、森の幸だけで生きていけそうです。

　食材があるのは森だけではありません。野原にも色々な役に立つものが生えています。日本人が山菜を採るように、リトアニア人も若い葉っぱ、芽を集めて食べます。特に春、畑で野菜がまだできていない間、山菜は最高です！

Baravykas	Boletus	ポルチーニ
Raudonviršis	Leccinum	ヤマイグチ
Voveraitė	Chantharellus	アンズタケ
Ūmėdė	Rasulla	ベニタケ
Rudmėsė	Lactarius	アカハツ
Šilbaravykis	Gyroporus	イグチ
Briedžiukas	Morchella	アミガサタケ
Kelmutis	Armillaria	ナラタケ
Kazlėkas	Suillus	ヌメリイグチ
Pievagrybis	Agaricus	マッシュルーム

リトアニアの食用キノコの例

リトアニア人は、野生のものを採らない人もナチュラルに大変こだわっています。森や野原で食材を集めない人は、植物を自分の庭に植えて育てています。リトアニア人には別荘や庭が大人気で、さまざまなベリーやハーブが数多く植わっていて、自家製の物を最初に使います。自分の庭がない都市の人は、ナチュラルな物を求めて市場に行きます。

現在のリトアニアは、農業をナチュラルな方向に発展させています。無農薬、エコ、GM（遺伝子組み換え作物）フリーというのは、リトアニアの農業の大事なキーワードです。広い畑で無農薬栽培がどんどん流行っています。

国としては、食料を全部、国民のために作ります。食料自給率は百パーセントを超えて、場合によって数百パーセントになります。例えば、**麦**（→130ページ）は自給率400パーセントで、小国にもかかわらず穀物《こくもつ》生産量はEUで5位です。

リトアニアの農業の大事な課題は、輸入よりも輸出です。世界の約150か国でリトアニアの食材が受け入れられています。私が特に嬉しいのは、日本に入ったリトアニアの食材です。リトアニアのパン、ビール、乳製品、水などが既にスーパーで見られるようになりました。

リトアニアの畑の風景

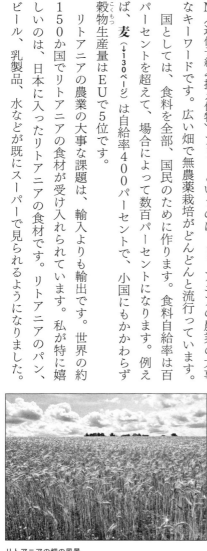

リトアニアの存在は思ったよりも身近ですよ。マヨネーズ、卵焼きを召し上がる時なんかは、リトアニア産の卵が使われている可能性が高いです。また、サイゼリヤでエスカルゴを注文したときも、産地のリトアニアを思い出してください。

む

麦 Javai《ヤヴァイ》

リトアニアの麦はライ麦

リトアニアの麦の王様はライ麦（ルギース、rugys）です。

中近東で小麦畑の雑草として栽培されたライ麦は、ローマ帝国では下品な穀物と評価され、貧困者しか食べないものとされていました。でも、ヨーロッパの文明や農業文化が南から北へ普及するにつれて、ライ麦はどんどん重要視されていきました。ほかの穀物より耐寒性が強いし、貧しい土壌でも育つライ麦は、リトアニアのような寒い気候、泥炭地の多い国では特に相応《ふさわ》しい穀物でした。ヨーロッパの北部（ドイツ、ポーランド、北欧、東欧）

では小麦よりライ麦のほうが育てやすく、中世から主要な穀物となりました。
ライ麦は、本当に強い植物です。リトアニア語で9月は「ライ麦を蒔《ま》く月」(rugsėjis) で、8月を「ライ麦を刈る月」(rugpjūtis) と言います。つまり、ライ麦が育つには一年もかかります。9月に蒔いた種は冬までに苗が出て、つらい冬を越して翌年の春に素早く成長し、8月までに収穫できます。

リトアニア**大公国**(↓98ページ)が栄えた14世紀〜17世紀に、ポーランド、プロシア、リヴォニアと並んでリトアニアはライ麦を多く栽培して、ライ麦にかかわる食文化が形成されました。また、リトアニア経由でその文化がロシアにも及んで、そこからシベリアにも普及しました。

19世紀にはヨーロッパでライ麦が小麦の新しい品種と競争できなくなり、その使用は急減しました。でも、リトアニア、ポーランドなどではライ麦の食文化が根付いており、消えませんでした。現在、ライ麦は小麦よりビタミンBや食物繊維《せんい》が多くてグルテンフリーなので、健康的な食物としてまた人気が出てきています。

黒パン

ライ麦を使った食べ物といえば黒パン（duona）です。日本人には馴染みがないかもしれませんが、リトアニアの文化の中で日本のお米と同じような役割を果たしています。海外に長く住んでいると、黒パンの酸っぱさを夢に見ることになります。ライ麦はグルテンが入っていないので、酵母《こうぼ》はあまり利きません。それで、毎回パンを焼くときは生地の一部を置いておいて発酵させ、次回のためにサワー種（raugas）を作ります。そのサワー種でパン生地が膨《ふく》らんで、独特の酸味ができます。自然の発酵は体にいいですね。

現在、ほとんどのリトアニア人は黒パンをスーパーで買いますが、私が子供の時、祖母は家でパンを焼いていました。週に一回ほど、パン生地をサワー種で夜中発酵させて、朝早くからペチカ（krosnis）を薪で温め、生地をキャベツかショウブの葉っぱに乗せてパンの形を作って、この聖なるパンに**十字架**（↓45ページ）の印を書いてペチカに入れました。数時間後、出来立てのパンを家族で分かち合って搾《しぼ》りたての牛乳と一緒に食べた朝食の記憶は一生忘れません。この数千年続いているパンの技術はとても**素朴**（↓154ページ）で、自然に近いし、貴重です。

大事なライ麦とともに、リトアニアで食用とされている穀物の種類は豊富で、小麦、大麦、オート麦、蕎麦《そば》があります。これらは実を茹《ゆ》でたらお粥《かゆ》（košė）になります。それにバター、砂糖、ジャムを入れると、子供の最高においしい朝ごはんが出来上がります。リトアニアではお米が栽培されていないので、輸入したお米をお粥にすることがよくあります。日本人はビックリすると思いますが、私の子供の時の最高の粥は、甘〜いジャム入りのお米の粥でした。

もちろんヨーロッパの食文化で代表的な、小麦粉から作る菓子の文化もリトアニアでとても豊かです。リトアニア式のケーキ、パンケーキ、ハート形の可愛いワッフル、クッキー、穴のあいていないドーナツ、ベーグルなどいかがでしょうか。

リトアニアのお菓子には、ちょっと変わったものもありますよ。例えば、デザートの王様と言われるシャコティス（šakotis）。その歴史はドイツのバウムクーヘンとのつながりがありますが、リトアニアバージョンは「枝」があって、木の形をしています。結婚式のような大きなお祝いには、シャコティスが欠かせないデザートです。

それから、キノコの形をしたお菓子のグリーブカイ（grybukai）もあります。日本の「きのこの山」と共通点があるお菓子ですが、残念ながら「たけのこの里」のリトアニアバージョンはあ

Duona	黒パン
Balta duona	茶色パン
Batonas	白パン、食パン
Tortas	ケーキ
Bandelės	ロールパン
Blynai	パンケーキ
Vafliai	ワッフル
Sausainiai	クッキー
Spurgos	ドーナツ
Riestainiai	ベーグル

リトアニアの焼き菓子一覧

りません。もう一つの変わったお菓子は、揚げ菓子のジャガレーレイ(žagarėliai)で、ポーランド・リトアニア同盟国の食文化を代表するものです。

最後に、変わった名前のティンギニース(tinginys)。この名前の意味は、「怠け者」です。普通、リトアニアのお菓子は作るのにかなり手間がかかりますが、それに対して「怠け者」は、ただ家にあるクッキー、シャコティスなどを裂《さ》いて、練乳、バター、ココアパウダーと混ぜて簡単にできるお菓子です。妻は「怠け者」がとても上手です。

リトアニアのお菓子の色々

つ

ツェペリナイ Cepelinai

とても手間のかかるジャガイモ料理の代表

我が家は、ツェペリナイ(Cepelinai)を年に一回しか作りません。大変手間のかかる料理だからです。

どういう料理か日本風に説明すると「ジャガイモのお餅」です。

じゃあ、やってみましょうか。まず、ジャガイモを40個ぐらい、皮ごと大きな鍋で茹でて、熱いうちに皮を剝《む》いて潰《つぶ》します（やけどしないように！）。ねばねばができるまで一生懸命頑張りましょう。30分くらいかかるでしょう。そのあと、茹でジャガイモが休む間、同じ量の生ジャガイモの皮を剝いてすりおろします。この量を手ですりおろすのは大変なので、家庭では普通、電動式すりおろし器を使います。おろしたジャガイモから汁をギュッと絞《しぼ》って、汁も残しておきます。

茹でジャガイモと擦りおろしたジャガイモを一緒に合わせてよくこねると、やっとツェペリナイの生地ができます。それから塩を加えて、もちもち感を活かすためにジャガイモの汁に片栗粉を入れましょう。今度は生地を拳《こぶし》サイズの大きさに分けて中に具を入れ、楕円《だえん》の形に整えましょう。具はひき肉、カッテージチーズ、キノコなどを味つけしたものです。ツェペリナイは、さまざまな種類と味があります。

ツェペリナイ

最後にまた茹でて完成です。お湯に片栗粉、塩を入れて、丁寧《ていねい》に一個ずつツェペリナイを入れましょう。茹で時間は30分程度です。お皿に盛り付けてベーコンソース、キノコソースをかけたら出来上がりです。飛行船の形をしている料理なので、飛行船を意味するツェペリナイという名前がついています。

このリトアニア名物料理は作るのにだいたい半日ぐらいかかるので、テンポの忙しい都会の家庭ではあまり作らなくなりました。でも、ほとんどのレストランで召し上がれますので、ぜひ挑戦してください。ツェペリナイの灰色ともちもち感が嫌いな人もいますが、一回食べるとハマる人も多いです。皆さんはどちら派でしょうか。

日本人がよくびっくりするのは、ツェペリナイの量です。一個でもかなり満腹になりますが、ノルマは二個です。しかも、**カウナス**（↓15ページ）近くのレストランで有名なリトアニア最大のツェペリナイは、なんと30㎝の大きさです！　私は一個も食べきれませんよ。

ツェペリナイは、リトアニアのジャガイモ文化を代表する料理です。

ツェペリナイ（Cepelinai）	**ジャガイモのお餅**
クゲリス（Kugelis）	ジャガイモのパイ
ヴェダライ（Vėdarai）	**ジャガイモの腸詰め**
シュシケス（Šiuškės）	リトアニア式ニョッキ
ブリヴィネイ・ブリーナイ（Bulviniai blynai）	**ジャガイモのパンケーキ**
ジェマイチュー・ブリーナイ（Žemaičių blynai）	茹でジャガイモの中に肉が入った料理
ケダイニュー・ブリーナイ（Kėdainių blynai）	**すりおろしジャガイモの中に肉が入った料理**

リトアニアのジャガイモ料理の辞書

日本の主食がご飯なのに対して、リトアニアの主食は黒パンとジャガイモ（bulvės）です。ライ麦の栽培は数千年続いていますが、ジャガイモは本当に新しいものです。16世紀に南米から欧州に入ったジャガイモは最初、珍しい観賞植物として栽培されました。この「毒のあるもの」を食べるのは想像しにくかったのです。そのあと、徐々にヨーロッパでジャガイモの食文化が形成され、ドイツから、特にユダヤ人経由で北欧に普及しました。

２００年ぐらい前にリトアニアにもジャガイモが入ってきました。ジャガイモ料理はやがてリトアニアに根付いて、知らず知らず食文化を変え、今では欠かせないものになりました。また、ツェペリナイのような独特の料理も生まれました。

我が家で最も好まれているジャガイ

ジャガイモのパンケーキ

妻が作ったシュシケス

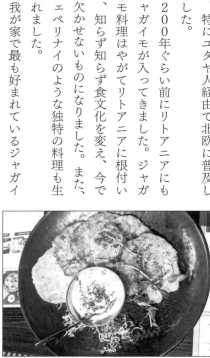

モの料理はシュシケスです。この料理は地方でさまざまな名前で知られていますが、南リトアニア（ズーキヤ）でシュシケスと言います。妻はズーキヤ出身なので、この料理が家族の食文化に入りました。作り方はイタリアのニョッキに似ていますが、ニョッキと違って、シュシケスは茹でずにオーブンで焼きます。それから、焼き立てのシュシケスにソースを掛けて二度焼きます。若ネギなどを掛けたら最高です！

に　乳製品　Pieno《ピエノ》 produktai《プロドゥクタイ》

リトアニアでは牛は家族!?

リトアニア人はミルクが大好きです。これは大豆文化圏の日本人にとって分かりにくいかもしれません。和食に豆乳、お醤油《しょうゆ》、味噌《みそ》、豆腐、湯葉、きなこ、納豆などの大豆製品があるように、リトアニアではさまざまな乳製品がたんぱく質の元です。この文化は昔、ユーラシア草原に住んでいた遊牧民が東ヨーロッパに伝えました。

地域によってはヤギのミルクも飲まれますが、リトアニアではミルクといえば大体牛乳です。昔から農家に牛（karvė）が必ずいて、家族のメンバーとして名前まで付けられています。リトアニアの田舎を車で走ると、可愛い茶色か白黒の牛があちこちに見えます。牛は広い牧場でゆっくりと草を食べて、美味しい牛乳を作ります。大きな牧場でなければ、春から秋まで牛たちは昼も夜も牧場で過ごします。時々飼い主が来て、水をやったり乳を搾ったり、違う場所に移したりしますが、半分は**野生**（→126ページ）の生き方です。

みなさんは搾りたての牛乳を飲んだことがありますか？

大都会のカウナスで生まれ育った私は、子供の時に搾りたての牛乳が結構苦手でした。生ぬるくて、乳臭いんですよ。でも、田舎の人たちはこの牛乳が大好きです。

ここで、乳製品の用語をお伝えしておきましょう。搾りたての牛乳（pienas）を少し置いておくと上にできる濃い層は、クリーム（grietinėlė）です。クリームをすくい上げて、今度は発酵させましょう。リトアニアはブルガリアと違って、昔はヨーグルトの菌が知られていなかった

牧場の中の牛たち

のですが、牛乳を暖かいところに置くと自然に綺麗に固まります。これはサワーミルク（rūgpienis）で、フィンランドからギリシアまで、ドイツからロシアまで、ヨーロッパの広い地域で食べられています。このサワーミルクに対して、酸っぱくなったクリームはサワークリーム（grietinė）と言います。

正直に言いますと、私は子供の時からサワーミルクもサワークリームも苦手でした。これを食べないリトアニア人は大変珍しいので、よくぎょろぎょろ見られました。面白いことに、日本に住んでいると納豆には慣れてきましたが、サワーミルクは未だに飲めません。変わったリトアニア人なんです。

発酵した牛乳には次の段階の加工もあります。サワークリームをホイップすると、固まってバター（sviestas）になります。また、サワーミルクを温めると凝固して、クワルク（varškė）が出来上がります。このクワルクは、さまざまなチーズ（sūris）の元です。リトアニアのチーズはバラエティに富んでいて、未熟の柔らかくて白いフレッシュチーズ（baltas sūris）から、数十年間熟成されたハードチーズの「ジューガス」まであ

リトアニアのスーパーの乳製品のコーナー

ります。

ジューガスチーズはイタリアのパルメザンと比較されますが、これを聞くと、リトアニア人は腹が立ちます。ジューガスのほうが圧倒的に上品で、比較にもなりませんよ！この愛を込めて作られたチーズは、さまざまな国際コンクールで勝利しました。チーズが熟成するところではリトアニアの音楽が流れていますので、チーズはゆっくりと**穏やか**（↓32ページ）に休んでいます。12か月熟成のジューガスはまだ柔らかいですが、熟成の各段階で味の新しいニュアンスが出来上がります。一番上品なジューガスは10年も熟成されたものです。

また、乳製品からさまざまな料理が出来ます。日本人は味変のためにいろいろな料理にお醤油を入れるのが好きでしょう。同じように、リトアニア人はさまざまな料理にサワークリームを入れます。サワークリームは、ジャガイモの料理のソースにも完璧ですし、スープの味も直しますし、いろいろなデザートにも合いますよ。

切ったトマトとサワークリームを混ぜて食べたことがありますか。イチゴとサワークリームのスムージーもいかがでしょうか。

ジューガスチーズと著者（右から３人目）

ひ　ビーツ　Burokėlis《ブロケーリス》

リトアニアのソウルフードたる野菜

ビーツはリトアニアのソウルフードです。私の妻はビーツなしで生活できません。少し体が弱くなったらビーツが欲しくなります。それで、我が家ではビーツの料理、特にサラダをよく食べます。茹でたビーツに細かく切ったピクルス、リンゴ、豆などを入れてサワークリームで和《あ》えて、塩コショウで味を付けたら出来上がります。これは「白いサラダ」（リトアニア式ポテトサラダ）に対して「赤いサラダ」と言います。

ビーツの祖先となった、中近東で栽培化されたビート（学名：beta vulgaris）は、もともと蔬菜《そさい》でしたが、古代ギリシアで初めて根菜として使われたと記録が残っています。そこで、長年の改良のおかげでビ

リトアニアの「赤いサラダ」

ートの根っこが大きくなって、その亜種となる赤くて甘いビーツ（学名：beta vulgaris vulgaris）が徐々に生まれました。

ギリシアから黒海を渡って1000年頃、キエフ・ルーシに入ったビーツは、現在のウクライナから北へ普及して、16世紀ごろにリトアニアに入りました。**リトアニア大公国**（↓98ページ）、後にポーランド・リトアニア同盟国が栄えた際、ビーツはその国の食文化に大きな役割を果たすようになりました。今でも世界で最もビーツが好まれている国は、ウクライナ、ベラルーシ、ポーランド、リトアニアとその周辺の国です。

ビーツは大変魅力のある野菜です。ビタミンC、鉄分が豊富で、またカリウム、リン、葉酸、ホウ素、食物繊維と数種の抗酸化物質を多く含むので、欧州では昔から薬用とされました。例えば、古代ローマでビーツの絞り汁は催淫効果があると考えられ、中世は消化器系から血液系の病を治療するのに用いられていました。私も子供の時に、貧血予防で母によくビーツのジュース（ちょっとまずいですが）を飲ませられました。ただビーツは糖分も多くて、その仲間のテンサイに次い

リトアニアの温かいボルシチ

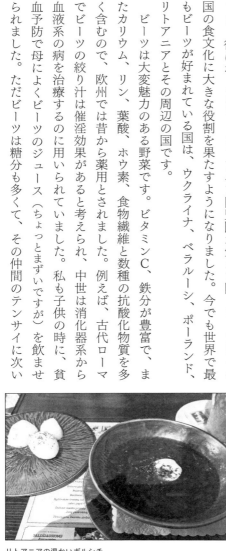

で最も甘い野菜です。カロリーがかなり高いので、ダイエット中の方は気をつけてくださいね。

ビーツの独特な赤を使った、さまざまな特徴的な料理があります。最も有名なのはボルシチ（barščiai）、ビーツを使った赤いスープでしょう。赤い色が褪《あ》せないように、茹でてからおろしたビーツを、スープが出来上がる直前に入れてお酢で色を止めます。それでスープは綺麗な色になります。恐らく現在のウクライナで生まれたとされているボルシチの文化は、無形文化遺産に登録されています。ただしボルシチは、ポーランド、ベラルーシ、リトアニアの食文化の中でも大事なもので、地方ごとに独自の作り方があります。

リトアニアで最も有名なボルシチの一種は、大変発音しにくいシャルティバルシチェイ（šaltibarščiai）です。「冷たいボルシチ」という意味で、夏によく食べられるスープです。作り方はとても簡単です。ただ茹でておろしたビーツ、ヨーグルト（ケフィア）、キュウリなどを混ぜるだけで、とても鮮やかなピンク色のスープが出来上がります。日本ではよく「ピンクのスープ」として知られています。リトアニアのシャルティバ

ピンクのスープ（šaltibarščiai）

ルシチェイは、世界のスープランキングでトップ10に入っています。暑い夏の日には最高のスープです。

は 蜂蜜 Medus《メドゥス》

お茶にもお菓子にも、キュウリにも⁉

中世にリトアニアが西ヨーロッパと貿易を始めた時、最も人気のある品物は木材と蜜蠟でした。木材の使い方は言わずとも分かりますが、蜜蠟は分かりますか？

実は、電気のない中世のヨーロッパのエネルギー資源は主に薪と蜜蠟だったのです。電球が発明された19世紀より前は、家庭だけではなく教会や宮殿で、照明器具として蠟燭が多く使われました。つまり長い間、蜜蠟＝光でした。

ヨーロッパに蜜蠟を輸出したリトアニアは、ヨーロッパに光をもたらしたとも言えるのです。また、当時の**エネルギー**（↓184ページ）資源の大国でしたね。

蜜蠟を作る蜂にとって、リトアニアの森の樹は樹洞が多く大変お気に入りで、たくさんの蜂が巣を作ります。1世紀ごろから、現地の人間は蜂の巣を森で見つけて、巣から光をもたらす蜜蠟と生活を甘くする蜂蜜を採る技術を習いました。13世紀ごろから、自分の都合に合った樹洞に蜂を招いて飼い始めたら、自然に「樹洞養蜂」が生まれました。欧州で蜜蠟と蜂蜜の需要が増えてリトアニアの養蜂が発展し、特に森が多かったズーキヤ地方（南リトアニア）は蜂蜜の産地になりました。

16世紀から18世紀のリトアニアの公文書を見ると、養蜂関係の法律が細かく定められていました。一つの洞から約700グラムの蜜蠟と約20リットルの蜂蜜が採れました。後に17~18世紀には農家で巣を作って蜂を飼う技術が生まれ、現代の養蜂ができましたが、未だに南リトアニアの森では樹洞養蜂の伝統が続いています。

養蜂は技術だけではなく、独特な文化も生み出しました。リトアニアでミツバチがとても尊敬され、また蜂を飼う人たちはお互いに手伝いあって、特別な関係を作りました。Bitė

昔の蜂の巣（リトアニア養蜂博物館）

(ミツバチ）から由来するbičiulis（蜂を飼う人）という言葉は、「親友」という意味になりました。今でも、友情関係を強くするためにお互いに蜂蜜をプレゼントしあう習慣が残っています。

　現代では蜜蠟の使い方を知らない人が多いですが、蜂蜜の使い方は皆よく知っています。リトアニアは数千年の伝統ある蜂蜜の産地で、上等で美味しい、自然に近い蜂蜜が多く作られます。ところで、時間がたつと、自然の蜂蜜は固まります。固まらない蜂蜜は、さまざまな物が混ざっているので気をつけましょう。

　季節（↓83ページ）ごとに蜂蜜の色や効果が変わります。一年で最初の蜂蜜は5月末ごろにできます。それはクリーミーで白く、春の花、タンポポ、リンゴの木の満開の時に集めた、自然の復活を象徴する「春の蜂蜜」です。次に6月末にできる蜂蜜は、畑で咲いている薬草、花（特に菜の花、蕎麦、クローバー、マロニエなど）から集めたものです。7月の蜂蜜は、夏の盛りの象徴で、**琥珀**（↓157ページ）色の菩提樹の花の物が最も代表的です。秋に採れる蜂蜜は濃い茶色で、中には苦手な人もい

蜂蜜の色々

ます。

　蜂蜜はリトアニアの食文化に根付いています。ハーブティーに入れるのは蜂蜜。黒パンに塗るのも蜂蜜。キュウリに付けるのも蜂蜜。そう、蜂蜜とキュウリの組み合わせに日本人は絶対ビックリしますが、リトアニアの夏の最高の味わいです。

　また、蜂蜜を使ったデザートも多くあります。代表的なのはジンジャークッキー、蜂蜜パイ、「アリの巣」(skruzdėlynas) などです。「アリの巣」は我が家の名物料理で、ズーキヤ地方出身の妻が2時間ぐらいかけて、よく作っています。揚げたパイ生地を蜂蜜にひたして盛り重ねてケシの実を振ったら、森でよく見かけるアリの巣のような塚の形になります。

　蜂蜜からできる**飲み物**(↓149ページ)も色々ですよ。ビールの文化がリトアニアに入る前、最も作られたお酒は蜂蜜酒(ミード)でした。蜂蜜を発酵させると糖分がアルコールになって、ワインと同じような十数度の度数の甘い飲み物ができます。リトアニアのミードを召

「アリの巣」のデザートとシャコティス

し上がる際はよく冷やして飲んでくださいね。ミードを蒸留すると、今度は40度ぐらいの蜂蜜ブランデーが出来上がります。

の飲み物 Gėrimai《ゲーリマイ》

ビール文化とウオッカ文化の重なる地

昔はリトアニアではミード（Midus）がよく飲まれましたが、現在は蜂蜜酒の文化は日常生活にほとんど残っていません。ヨーロッパでは現在普及している主なお酒が三つあります、南欧のワイン、北欧のビール、東欧のウオッカです。リトアニアは残念ながらワインは作られていないものの、ビールとウオッカ、二つの文化圏が重なるところです。

現在、ウオッカと言えばロシアのイメージが強いかもしれません。たしかにウオッカを作る伝統がロシアで始まったという説もあります。でも、ポーランドをウオッカの起源とする説も強いです。ポーランドで15世紀から行われたウオッカの醸造は、記録に数多く残っています。

16世紀にポーランド・リトアニア同盟国の食生活に入ったウオッカは、主として消毒、薬草酒に使われて、それからリキュールも作られました。現地のリキュール（リトアニア語ではtrauktinė、ポーランド語ではnalewka）は、西欧のリキュールと違って容器に果実、薬草、蜂蜜、ウオッカを入れて、数年間じっくり熟成します。それで薬の役割も果たします。当時の貴族は、リキュールのレシピを家族の秘密として大事にしていました。その一つ、16世紀からラドヴィラ豪族の宮殿で**蜂蜜**（↓145ページ）とさまざまな調味料から作られたお酒のクルプニカス（Krupnikas）は、今でも飲まれています。

実は、ポーランド・リトアニア同盟国ではウイスキーに相当する飲み物も生まれました。空になったワイン樽にウオッカを入れて、長年熟成して出来上がるスタルカ（starka）で、木やワインの味を吸収した上品な飲み物です。昔は貴族に子供が生まれるとスタルカを熟成し始め、その子供が結婚するときに樽が開けられました。ヨーロッパの西の端で発明さ

スーパーではさまざまなリキュールが売られています。

れたウイスキーは全世界に普及しましたが、それに対してヨーロッパの東の端に発明されたスタルカは、あまり知られていませんね。

リトアニアでは伝統的にウオッカをストレートで飲むことはほとんどなく、隣のロシアとは異なったウオッカの文化が発展しました。２００年前、ロシア帝国に占領されたリトアニアに対するに、ウオッカはとても強い武器でした。国民の政府に対する反抗の意思を弱くするために「アルコール中毒」政策が行われました。つまり、よくウオッカを飲んでいる国民は反乱も起こさないのだと、ウオッカが大量に作られたのです。同じように20世紀のソ連時代にも「アルコール中毒」政策が盛んでしたね。その時代を私はあまり思い出したくないです。

もう一つリトアニアでよく飲まれるお酒はビール（Alus）です。ウオッカと違って弱い飲み物です。ビールの伝統は中世にドイツから入ったので、リトアニアでビール醸造の伝統が一番古いのは、旧ドイツ領土に最も近い地域です。それは、バルト海岸線（クライペダあたり）、それからラトビア（旧ドイツ領土リヴォニア）に近い東北リトアニアです。

カエデの花の風味を生かした伝統的なリキュール

現在、リトアニアは水も綺麗で大麦も大量にできるのでビールが全国的に作られており、300以上の種類があります。リトアニアはさまざまなクラフトビール、地ビールの天国として有名です。いらっしゃったら、ぜひビールをご賞味ください。

アルコールが苦手な人もいますよね。そんな方にはノンアルコールドリンクはいかがでしょう。こちらもさまざまな種類があります。実は、リトアニアではアルコールの宣伝が禁じられているので、多くのビール会社はちょっとズルい手を使います。「ノンアル・ビール」の商品を宣伝するのです。お客さんはその宣伝でブランド名を覚え、その会社のビールを買いますが、そのおかげでノンアルの消費も増えています。

ビールの味が嫌ですか？　ではギラ（Gira）をどうぞ。ちょっと変わった飲み物で、黒パンのジュースを発酵させたソフトドリンクです。昔は家でよく作っていましたが、最近、スーパーでさまざまな種類のギラが売れているので、家庭では作らなくなりました。

第6章 リトアニアの伝統文化と芸術

Lietuvos tradicinė kultūra ir menas

そ 素朴 Paprastas《パプラスタス》

素朴、シンプル、地味がリトアニアらしさ

リトアニアの色、形、音、味、香に共通する特徴といえば何でしょうか？

答えは「素朴」「シンプル」「地味」でしょう。

ヨーロッパの北、デンマーク、ポーランド、スウェーデンなどにある多くの町には、派手な色の建物が並んでいます。それに対して、リトアニアの旧市街を歩いていただくと、壁色は白と地味な黄色が多く、瓦と煉瓦のオレンジ色と綺麗に調和しています。また、北の国の霧がかかると色がなくなって、リトアニアの風景は白黒の水墨画のようになります。

白はリトアニア、ラトビアのバルト系の民族にとっては、最も神聖で、綺麗な色だったそうです。ところで、「白」はリトアニア語でバルタス（Baltas、ラトビア語ではBalts）で、「バルト海」の名前の語源になった可能性も高いそうです。バルトの「白」に対して、周りに住んでいるスラブ系の民族にとって、特別な色は「赤」です。ロシア語で「赤」（Krasnyi、クラスニイ）と「綺麗」（Krasyvii、クラシヴィイ）は共通します。モスクワとロシアの他の町にある「赤の広場」は、もともと「綺麗な広場」という意味を持っていたらしいですよ。また、都市を離れると、**穏やか**（↓32ページ）な平地にポツンと農家が建っています。その農家も木造のもので、日本のお寺のように自然な灰色、茶色というようなとても素朴な彩りです。リトアニアの田舎の風景は、わびさびを感じさせる地味さがあります。

色だけではなく、形においても田舎の建物は素朴で実用的、がっしりしたつくりです。同じようにリトアニアの民芸品を見ると、素朴なものが多いのに気づくでしょう。籐細工の籠。手作りの木製のスプーンや食器。肌ざわりの良い自然な色の**リネン**（↓161ページ）。可愛い鳥笛。木からレーザーでカットされたコースター。**藁《わら》細工**（↓165ページ）のソダス。土の色を使った陶芸。伝統文化に装飾もあまりなく、地味な装飾ばかりですね。民族衣装の模様も、周りのスラブ系の国と比べて派手ではありません。

そうです、穏やかな自然や生活様式のリトアニア文化は、シンプルで素朴です。**デジタル化**（↓192ページ）、**レーザー**（↓189ページ）、バイオテ

ヴィリニュスの風景（David Iliff撮影）

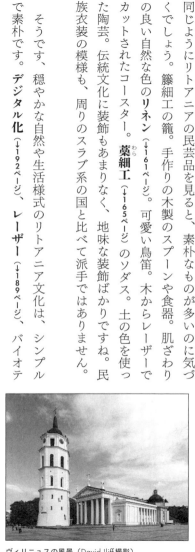

ックなどの先端技術は進んでいますが、それと同時にリトアニアには昔のものが未だによく残っています。大都市を離れると、西ヨーロッパではほとんど失われた風景がそのまま日常に生きています。つまり、昔のヨーロッパの田舎の古き良き生活を体験したい場合、リトアニアは最もふさわしいのです。

地味な色、素朴な形で、リトアニアの文化は「本物」で飾り気がなく、とても自然に近いといえましょう。リトアニアの香りは**森**（↓70ページ）の香り、リトアニアの音は鳥の囀りと夕方の湖の静けさでしょうね。

リトアニアの味にも強い味付けはなく、塩コショウで済んで、フレッシュ・ディル、ハーブなどで味加減を調整します。ですから、リトアニアはあっさりした味の国と言って間違いないです。

「リトアニア料理は塩加減が少ないですね」と日本人によく言われます。確かにそうです。面白いことに、

リトアニア風インテリア

リトアニアの民芸品

隣のポーランドで塩が昔から豊富に取られているのに比べて、リトアニアでは塩がなかなか手に入らない貴重品だったようです。それで塩気の少ない味付けが普通になりました。食材の保存も塩漬けより発酵が主流でした。リトアニアの味は塩味より、酸っぱい味を良く感じます。

こ 琥珀 Gintaras《ギンタラス》

リトアニア随一の名産品

リトアニア名物のひとつが琥珀です。琥珀については、こんな伝承があります。

昔々、カスティーティス（Kastytis）という漁師がいました。彼がバルト海に釣りに行ったところ海の女神のユーラテ（Jūratė）が現れ、二人は恋に落ちました。カスティーティスが海の底に行くと素晴らしい琥珀の宮殿があって、二人で楽しく時間を過ごしました。でも、雷の神様のペルクーナス（Perkūnas）は、生身の人間と女神が一緒にいることに怒って、嵐を起こしてカスティーティスを殺し、それからユーラテの宮殿を壊しました。その名残が海から出る琥珀の塊なのです。

この琥珀の由来にまつわる伝説は、リトアニアでは小学生でも知っています。私も子供の時、この伝説をよく聞いたり、海で琥珀狩りをしたりしました。大きな嵐の後に琥珀は海岸に現れ、よく探したら細かいものが拾えます。とはいえ現在、琥珀の大部分は掘って採ります。バルト海とその周辺には、全世界の琥珀の8割から9割が埋まっています。その一番集中するのがバルト海の東南部、カリーニングラード州とポーランド、リトアニアの海岸なのです。

今から5千万年ぐらい前、現在バルト海があるところに大きな森林がありました。森林の針葉樹から大量の松脂《まつやに》が出て、徐々に固まっていきました。後にそこに海ができて、年月をかけて松脂が化石化して琥珀になりました。それで時々、琥珀の中に始新世の虫、葉っぱなどが入っています。この石を触ると歴史を感じますね。

人間がバルト海岸に住み着いた時、琥珀を見つけて、それを飾りだけではなく魔法の石

琥珀狩り

として使いました。リトアニアでは人や動物の形をした琥珀のお守りが発掘されます。今でも、リトアニアの**ロムヴァ**（↓42ページ）の自然崇拝の儀式では琥珀の粉を燃やし、神聖な煙を神様に送ります。そう、琥珀は燃えます。それで、ドイツ語でBernschtein（燃える石）と名付けられています。古代ギリシアでは琥珀がエレクトロン（太陽の輝き）という名前で知られていて、琥珀を擦ると静電気を生じるから、Elektraという言葉は、19世紀に西洋の言葉で「電気」を示すことになりました。

昔の世界では琥珀が非常に高く評価されました。古代エジプトのお墓には琥珀が入れられ、ローマ帝国の時代にはいわゆる「琥珀の道」ができました。ローマ帝国とバルト海を結んだ琥珀の道を通じて、そこに住んでいたエースティイ（Aestii）という民族と貿易が行われました。我々リトアニア人は、そのエースティイをバルト族の祖先としています。琥珀の貿易が盛んに行われた証拠として、ローマの硬貨がリトアニアの**ケルナヴェ**（↓95ページ）などで発掘されます。

発掘された琥珀のお守り

琥珀は昔も遠く離れた民族をつなげる力を持っています。日本で琥珀が採れる唯一の土地、久慈市《くじ》（岩手県）は1980年代に琥珀が採れるリトアニアの港町クライペダに「琥珀で交流しましょう」と友好の手紙を送りました。1989年に結ばれた姉妹都市関係は今でも続いています。リトアニアが独立を宣言してひどい目にあったときに、久慈市長がゴルバチョフ大統領に手紙を送ってリトアニアを支援しました。また、2011年に東日本大震災が起きた後、クライペダの市民が多くの寄付を集めました。両市の市民はお互いを訪問して、久慈市に「リトアニア館」ができています。

日本人は琥珀といえばオレンジ色に近いという印象を持っていますが、バルト海の琥珀は真っ白から真っ黒までバラエティーに富んでいて、また透明さもさまざまです。琥珀の粉を使って絵が作られますし、大きな塊からさまざまなアクセサリーができます。琥珀はとても暖かい石で、お守りとしても使います。

ところで、暖かいという言葉で思い出しましたが、琥珀スパには入ったことがありま

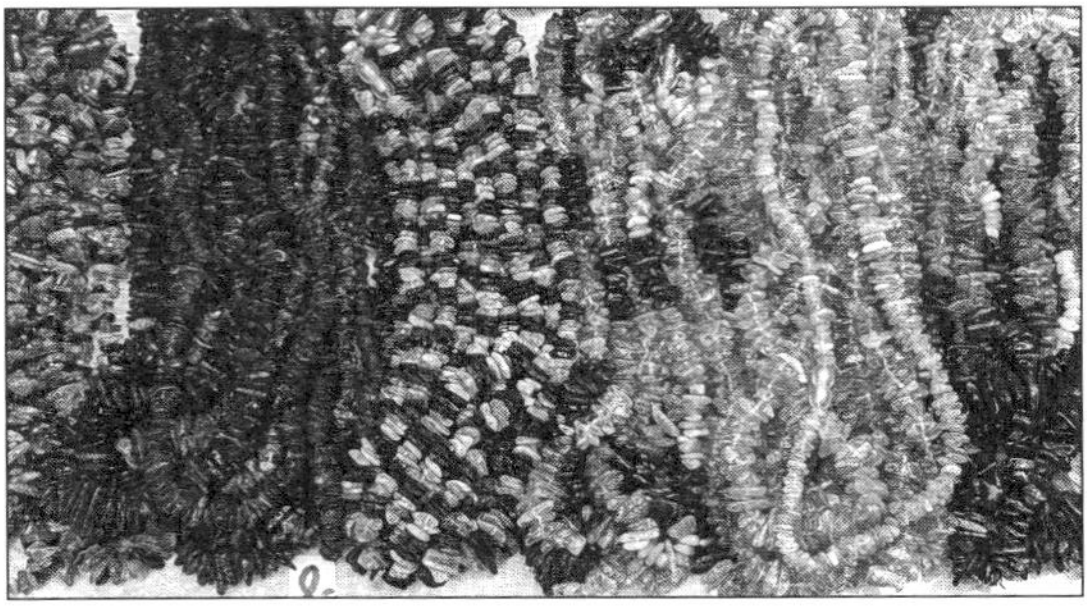

琥珀のアクセサリーの色々

すか？

琥珀スパはリトアニアに何か所かあり、近いうちに日本でもできそうです。琥珀のタイルでできたテーブル、椅子、壁の琥珀色のスペースでリラックスして、琥珀テーブルの上で寝ながら温かい琥珀の石でマッサージを受けたり、お顔に琥珀クリームを塗ったりします。すると、体が琥珀の成分だけでなく、数千年たまっている魔法を吸収します。

り　リネン　Linas《リナス》

リトアニアの衣食住を支えた亜麻とリネン

リネンはリトアニアの文化に本当に根付いています。リネンの素材となるアマ（亜麻）という植物は、民謡、伝説によく登場します。春に蒔いた種が6月に素敵なブルーの花を咲かせ、秋にその茎が工夫して灰色の繊維にされます。また、種から搾られた亜麻仁油は食用されて、亜麻くずは家を建てるときに断熱のために使われました。つまり、一つの植物が衣食住に密接に関わっていました。

今でも、10月は「亜麻くずの月」という名前です。その後、長い冬の間リトアニアの女性が糸車で一生懸命に糸を紡《つむ》いで、機《はた》で織りました。できたリネンを晒《さら》したり、刺繍《ししゅう》したり縫《ぬ》ったりして、毎年貯めていました。伝統的に未婚の女性が家で作った織物は、大きな長持ち（skrynia）に納めて、結婚したらその女性の財産として新しい家庭に運ばれました。多くのリネンを作った女性は、働き者として自慢するのです。

リトアニアには木綿もウールもありましたが、やはり一番尊敬されているのはリネンですね。今も、リトアニアのリネンはさまざまなブランドがあり、世界中で売れており、日本でもとても肌触りの良い、スタイリッシュで高品質な織物として知られています。

また、リトアニアの民族衣装（rūbai）にもリネンがよく使われています。現在、リトアニア人の服はほかのヨーロッパの国々、そして日本と全く変わらないですが、リトアニアの民族衣装は19世紀の農民の、祝日の衣装の伝統に基づいてできています。伝統的なお祭り、特に**歌**

織物の色々

と踊りの祭典（↓168ページ）や**ヨハネの日**（↓53ページ）に民族衣装を着る人が多いです。爽やかな色や伝統的な模様などが印象的です。

女性の民族衣装はシャツ、ヴェスト、長いスカート、エプロンとサッシュベルトからなります。男性はエプロンとスカートの代わりにズボンをはきます。被《かぶ》り物は人の性格を表しました。未婚の女性は、普通、髪を三つ編み（kasa）にしたり、派手な花輪か冠を被ったりしていましたが、結婚したら髪を見せるのは礼儀正しくなかったので、スカーフかウインプルを被りました。男性は、藁かウールからできた帽子が普通でした。履物と言えば貴重な革の長靴のほか、藁、木、革でできたものが色々ありました。

民族衣装の種類や形は、東ヨーロッパ平原（フィンランド、バルト三国、ポーランド、ベラルーシ、ウクライナなど）の民族の中で共通点が多いですが、それぞれ繊維の種類、被り物の形、色使い、模様などが異なります。リトアニアは小さい国と言っても、地域ごとに民族衣装の地方性があります。

Marškiniai	シャツ
Liemenė	ヴェスト
Sijonas	スカート
Prijuostė	エプロン
Kelnės	ズボン
Juosta	サッシュ
skara	スカーフ
nuometas	ウインプル
skrybėlė	帽子
sermėga	上着
vyžos	草鞋
klumpės	木靴

民族衣装の辞書

民族衣装を着ている著者一家

リトアニアは少なくとも5つの地方からなります。丘の多いオークシタイティヤ（Aukštaitija、東リトアニア）、頑固な人柄のジェマイティヤ（Žemaitija、西リトアニア）、森の多いズーキヤ（Dzūkija、南リトアニア）、痩せた土地のスヴァルキヤ（Suvalkija、西南リトアニア）、ドイツの影響が強い小リトアニア（Mažoji Lietuva）です。それぞれ方言、食文化、農家の形、風景などが少しずつ異なっています。

民族衣装の地方性は、特に女性のエプロンに見られます。前のページの、私の家族の写真をよく見てみましょう。妻はズーキヤ出身で、エプロンはちょっと暗くて多彩なチェック模様が特徴です。上の娘（中央左）は西南リトアニアの鮮やかな花模様の刺繍のエプロンをかけています。下の娘（中央右）のエプロンはジェマイティヤで人気のある白地に縦のストライプです。また写真にはありませんが、オークシタイティヤは白い布地に赤い糸の地味な刺繍、小リトアニアは白い布地に黒い刺繍、という特徴のエプロンです。

リトアニアの五つの地方の地図

わ

藁細工

Šiaudiniai《シェウディネイ》 dirbiniai《ディルビネイ》

世界に広がるリトアニアの藁アート

昔の人は本当に節約家でした。秋に麦ができたら刈って、脱穀して、そのあと麦藁がいっぱい残ります。それを捨てるのはもったいないので、さまざまな工夫を考えて苦労していました。日本人は藁で縄、蓑《みの》、草鞋《わらじ》など、主に実用的な物を作りましたが、リトアニア人は藁をアート作品にしました。

それがソダス（Sodas）です。

ライ麦の藁は、米の藁に比べて真っすぐで固くて太く、ソダス造りにばっちりです。藁を同じ長さに切って紐を通して、さまざまな形に結びます。ソダスの基本は八面体ですが、工夫すると本当に非常に複雑な物ができます。ソダスで交差する直線で美を表現します。

ソダスの伝統は北欧、東欧の広い地域で古来見られました。フィンランドとスウェーデンのバージョンはヒメリ（himmeli）として知られています。ラトビア（Puzuris）、エストニア（jõulukroon）、ウクライナ（Павук）などでも同様のものが作られていました。

リトアニアには今でもソダスを作れる人が数多くいます。さまざまな組合ができて、お互いに知識を分かち合ってSNSでも技術を教え、女性も男性も若者もよく作ります。生きている、エネルギーに溢れている、次世代に伝わる民芸の一つです。2023年にこの大事な伝統をユネスコが無形文化遺産として登録しました。

大きなソダスを見ると、豪華なシャンデリアかと間違ってしまうほどです。ただ、ソダスに蠟燭などを付けたら危ないですよ。なので照明器具としては使われません。ソダスはただ農家のインテリアとしてだけではなく、昔から赤ちゃんの揺り籠の上、結婚式のテーブルの上に飾られて、魔除け、お守りとして大事な役割を占めていました。

ソダスにはさまざまな意味が潜《ひそ》んでいます。名前は「園」という意味で、楽園を表しています。それでソダスはよく整理された、秩序の備えた宇宙のモデルと見なされます。さまざまな部分は天、地、男、女、光、影を表して、自然崇拝で大事な調和（Darna）を祈っ

宇宙を表しているソダス（Gintautas Trimakas撮影）

ています。藁でできた天使、鳥、星がぶら下がって、宇宙を飾ります。嬉しいことに、リトアニア人だけではなく、外国の方もソダスに魅了されて作り始めます。日本でもソダスを作る人は何人かいて、ソダスの文化が知られるようになりました。例えば、２０２３年のクリスマスにはリトアニアと杉原千畝のご縁でつながった岐阜の駅で、大きなソダスのインスタレーションが作られました。通る人たちはそれを見て、初めてソダスを知ったことでしょう。

クリスマス（↓60ページ）とも、ソダスはとても大事な関わりがあります。昔は結婚式だけではなく、クリスマスのためにその年のソダスが作られました。それから、リトアニアの伝統的なクリスマスツリーと言えば、飾りはソダスのような藁細工です。キラキラ、ピカピカのツリーと違って、このクリスマスツリーはちょっとシンプルで**素朴**（↓154ページ）で、美しいでしょう。モノクロのものは何か心が落ち着きます。

藁細工で飾られたクリスマスツリー

岐阜駅で飾られているソダスのインスタレーション

う　歌　Daina《ダイナ》

無形文化遺産にして独立の生みの親

リトアニア人は歌が好きな民族で、パーティーでよく歌っています。私の母いわく「歌が無ければパーティーは楽しくない」のです。リトアニアには、ユネスコによって登録された無形文化遺産が四つあります。**十字架**（↓45ページ）作りと**藁細工**（↓165ページ）のソダスについては既に話しましたが、残りの二つは歌に関わるものです。

その一つ目はスタルティネス（Sutartinės）です。２０１０年に無形文化遺産に登録されたスタルティネスは、伝統的な音楽形式の一つで、基本的には2人から4人の女性による歌唱です。この歌い方の特徴は、同じフレーズを複数名が時間差で繰り返し被せていくことです。あるフレーズは、ほぼ意味のないもので、例えば「dijūta tūta, sodauto, dolija」などなどです。歌の内容は日常や婚礼、また戦に関するものなど多岐にわたって、自然崇拝の影響も見られます。現在歌われているスタルティネスは、数百年前のものですが、この歌の歴史的な記録は16世紀に遡ります。

スタルティネスは主にオークシタイティヤ地方（東リトアニア）で歌われています。基本的に無伴奏で息を合わせて歌われますが、時々楽器によって合奏されることもあります。その場合、男性がスクドゥチェイ（skudučiai、木琴）、ダウディーテ（daudytė、笛）、カンクレス（kanklės、琴）などの楽器で伴奏します。

二つ目の無形文化遺産は、バルト三国の歌と踊りの祭典です。その祭典では数万人に及ぶ大勢の人が民族衣装を着て、一緒に民謡を歌って踊ります。19世紀の半ばからヨーロッパ、特にドイツ系の国々で流行っていたこの伝統は、当時ロシア帝国の支配下のバルト地域に伝わり、やがて現地の民族運動とつながりました。大勢で集まって共通の歌を歌っていた時に、民族の**アイデンティティ**（↓14ページ）が強くなって、少しずつ独立の希望も出てきたのです。

20世紀半ば、この伝統はドイツでは衰えましたが、バルトの民族では頑固に継続されました。戦間期の独立時はもちろん、ソ連時代にも、さまざまな制限があっても数年ごとに歌と踊りの祭典が開催され続け

スタルティネスを歌う女性（Laima and Simas撮影）

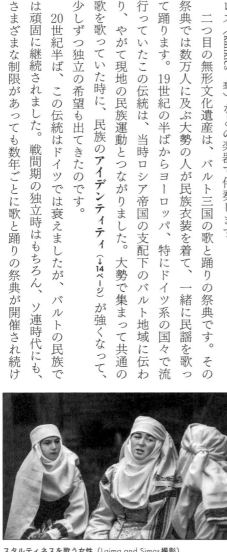

ました。

結局、リトアニアで1990年に行われた13回目の祭典は、ソ連からの独立宣言と重なりました。私もその時をよく覚えています。ソ連時代にはリトアニアの国歌を含めて、多くの伝統的な歌が禁じられました。もちろん、仲間の集まりではこっそり歌われましたが、公のところで歌った人が逮捕されたこともありました。怖い時代でしたね。

でも、1990年ごろ、人々は**勇気**（↓37ページ）を出して、禁じられた歌を外で歌い始めました。それで、「歌いながらの革命」（Dainuojanti revoliucija）が起きました。そうです、バルトの民族は武器を使わず、武力なしで、歌の力で独立を果たしました。あの時に流行っていた歌を聴くと、私は今も鳥肌が立ちます。

独立後、三か国でお互いに年をずらして、祭典が数年おきに継続的に開催されました。それに、その国の人々だけではなくて、海外に住んでいるディアスポラの団体が一緒に演奏するようになり、祭典がより幅広く壮大になってきました。2024年、リトアニアの18回目の祭典は100周年という節目で「**森**（↓70ページ）が緑がかるように」（Kad giria žaliuotų）

2018年の（17回目）のリトアニア歌と踊りの祭典
（Uršulė Leiputė撮影）

というテーマで開催されました。

ち チュルリョーニス M. K. Čiurlionis

リトアニアの精神を代表する画家

この間、広島県の瀬戸田《せとだ》にある平山郁夫《ひらやまいくお》美術館に行きました。絵画の中のさまざまな美しい風景を鑑賞しながら、絵の色合いや雰囲気がチュルリョーニスにそっくりだと思いました。

チュルリョーニスという名前は、日本人にとって発音しにくいかもしれませんが、リトアニア人にとって最も重要な人物の一人である画家です。チュルリョーニスを分かる人はリトアニアの精神を分かると言っても言い過ぎではありません。

私の生まれ育った**カウナス**（↓115ページ）にチュルリョーニス国立美術館があって、彼の絵画をよく見に行きます。薄暗い展示室にはテンペラの独特な色合いが音楽と混ざりあう神秘的な世界が広がっていきます。それぞれの絵画は隠れた象徴、抽象的な表現に溢れています。1904年から1909年のわずか5年の間に作られた30代のチュルリョーニスの作品は合計200点以上あり、象徴派の影響が最も強いですが、抽象派の予感も感じられます。彼の独自の幻想的な画風はカンディンスキーなどに影響を与えたと思われます。

南リトアニアの森に囲まれた農家で生まれたチュルリョーニスは、母国リトアニアを愛し、その愛を絵画に込めました。絵画には、リトアニアの**森**（↓70ページ）、伝統的なお葬式、**十字架**（↓45ページ）、おとぎ話、好きな風景などが登場します。でも、絵画は単なる風景ではありません。画家は宇宙、宗教、運命などのテーマを好んで、「天地創造」、「星座」、「王」というようなシリーズを数多く作りました。特に有名なシリーズはさまざまな「ソナタ」で、絵画は「アレグロ」、「アンダンテ」、「スケルツォ」などの名前を持っています。

チュルリョーニスの絵画で音楽と密接な関連があるものは珍しくないです。音楽が彼の本業で、絵はただの趣味でしたから。子供の時からリトアニアとポーラ

チュルリョーニス（1875年〜1911年）

ンドで音楽を習ったチュルリョーニスは、短い35年の生涯の間に、多くの音楽作品も作りました。その中で代表的なのは、交響詩「森の中で」と「海」です。音楽を聴くと幻想的な風景に迷い、絵画を見ると頭の中で音楽が響いてきます。

実は、日本でチュルリョーニスが知られるようになったきっかけも音楽でした。それは加藤一郎にとって初の快挙となりました。彼は交響詩の音楽レコードを入手した後で、1972年にチュルリョーニスの伝記、また作品の概要をまとめたものを作成しました。加藤氏のおかげでチュルリョーニスの作品に関心を持つ人々の集まりが開かれ、展示会や音楽コンサートが日本で開催されました。

1992年にはチュルリョーニスの最初の原画の展覧会が、東京のセゾン美術館で開催されました。皇室の代表者もこの展覧会に出席し、このような貴重な展示が海外で実施されたのは初めてでした。日本の美術愛好家はチュルリョーニスの展示に大きな関心を持ち、

「REX（王・神）」1909年

当時の皇后の美智子様もチュルリョーニスに関心をお持ちになりました。

チュルリョーニスは、なにか日本人の心に合います。その理由の一つは、ゴッホ、マネなどの西洋美術家と同じように、日本美術の影響を受けたからです。彼は、当時ヨーロッパで人気を博していたジャポニスムの影響を強く受けていました。ワルシャワで浮世絵の展示を訪れたチュルリョーニスは、日本美術について知るようになり、意識的、もしくは無意識にも日本美術のモチーフを自身の作品に反映させていました。例えば、彼の「海のソナタ」の「フィナーレ」に現れる大きな波は、葛飾北斎の「富嶽三十六景 神奈川沖浪裏」との共通点を多く感じますね。

2025年はチュルリョーニスの生誕150周年で、全世界でさまざまな記念イベントが行われます。それに合わせて2026年に、東京で彼の展示が開催されます。皆さん、よろしければぜひお越しください。

「海のソナタ・フィナーレ」1908年

め　メカス　Jonas Mekas

世界で知られたリトアニアの名映画監督

ジョナス・メカス（Jonas Mekas）をご存じでしょうか。このリトアニア出身の人物は、映画界、アート界で国際的に知られ、アメリカの実験映画に多大な影響を与えた人物です。日本でもかなり知られています。

１９２２年に東北リトアニア（セメニシケイ村）で生まれたメカスは、18歳の時にソ連占領下のリトアニアから亡命し、オーストリア、デンマーク、ドイツ経由で１９４９年に米国に辿《たど》り着きました。当時、似たような運命をたどったリトアニア人は多かったです。ソ連の政府に抵抗し、迫害された多くの優秀な人物は、アメリカ、カナダ、メキシコ、イスラエルのような新

メカスの本の表紙

しい母国に住み着き、後に詩人、芸術家、学者などになりました。
亡命してからメカスはドイツ語と英語をマスターしましたが、２０１９年に亡くなるまで母語のリトアニア語で詩を書き続けました。ただし、国際的に有名になったのは詩人としてではなく、映画監督としてです。メカスはアメリカに到着してから16ミリのカメラを買って、映画の撮影を始めました。映画は彼にとって、新しい表現ができる言葉でした。メカスの映画は詩的な表現豊かな日常（旅、食事会、出来事など）を語っており、その映画には１９５０～１９８０年代のアメリカと世界が登場します。

メカスはニューヨークで実験映画の運動に参加し、大変影響力のあった『フィルム・カルチャー』誌を出版しました。また、アヴァンギャルド映画の重要な作品の保存、修復、上映の活動を行う「アンソロジー・フィルム・アーカイブス（Anthology Film Archives）」も設立し、１９６０年代からアメリカの前衛アートの中心人物となりました。アンディ・ウォーホル、アレン・ギンズバーグ、サルバドール・ダリなどのアーティス

カウナスにあるジョージ・マチューナスの記念プレート

ト と交流しました。

もう一つ、メカスが特に親しくした当時の運動は、フルクサス（FLUXUS）です。その創設者の1人で名付け親は、リトアニア出身のジョージ・マチューナス（Jurgis Mačiūnas）でした。このグループはオノ・ヨーコ、ジョン・レノン、ケイト・ミレット、武満徹、ジョン・ケージ、靉嘔《あいおう》などの多くのアーティストが参加した1960年代の代表的な芸術運動で、フルクサスのイベントは、日常的な物を芸術の舞台に持ち込んでその垣根を壊し、日常に芸術的な物を持ち込ませるという反芸術的な意図を持っていました。

フルクサスは日本の芸術家たちにとって、ジョージ・マチューナスとジョナス・メカスの祖国を知るきっかけとなりました。従って、この運動は日本とリトアニアの間の芸術の架け橋ともいえます。日本でフルクサスの展覧会、メカスの作品の上映会は数多く開催され、リトアニアでもメカス、マチューナスの影響を受けた芸術家のイベントが行われています。例えば、日本人アーティストの飯島孝雄（AY－O）は、2001年にカウナス絵画ギャラリーに「ブラックホール」というインスタレーションを贈りました。

メカスの実験映画もフルクサスも舞台は米国ですが、リトアニアでも大事にされています。ヴィリニュスに2007年にできたジョナス・メカス・ビジュアル・アート・センターには大きなフルクサス関係のコレクションが保存され、マチューナスが生まれたカウナスでは記念プレート、広場まであります。

複雑な歴史の中で、リトアニアの移民（Išeivija）は世界の各国に散らばって、リトアニア出身の人物は世界の文化に貢献しました。その中には有名なアーティスト、学者、作家、詩人もいました。移民の多くは母国リトアニアを忘れずに、言葉や文化を守り続けていました。1980年代に彼らはリトアニアの独立運動を支援して、海外で書かれたリトアニア語の詩はソ連のリトアニア人に刺激を与え、独立の後も移民が国の再建に努力しました。1998〜2009年に（2003年を除いて）リトアニアの大統領になっていたヴァルダス・アダムクスも、1926年にカウナスで生まれた、アメリカの環境問題の専門家でした。

アンタナス・シケーマ（Antanas Škėma）	1910–1961	作家
チェスワフ・ミウォシュ（Česlovas Milošas）	1911–2004	作家
カジース・ヴァルニャリス（Kazys Varnelis）	1917–2017	アーティスト
アレクサンドラ・カスバ（Aleksandra Kašuba）	1917–2019	彫刻家
ジョナス・メカス（Jonas Mekas）	1922–2019	映画監督
ジョージ・マチューナス（Jurgis Mačiūnas）	1931–1978	アーティスト
トーマス・カスリス（Tomas Kasiulis）	1948–	哲学者

リトアニア出身の20世紀の有名な人物

第7章

現在のリトアニア

Šiandienos Lietuva

み　民主主義　Demokratija《デモクラティヤ》

リトアニアは民主主義の伝統が古い国

自由というのは不便です。選択肢が多すぎて、決断する時に毎回困ります。また、自分の自由と他人の自由がお互いにぶつかることが多く、さまざまなディレンマが毎日のように起きるでしょう。

他方、ソ連時代は自由がありませんでした。国は住む場所も勉強する場所も決めてくれて、卒業したら仕事も与えてくれました。アパートも国が数多く建ててくれましたし、十月革命記念日を祝え、クリスマスを祝っちゃだめ、というところまではっきり教えてくれました。治安の問題も一切なくて、全部国がやってくれました。

独裁主義は、無駄な議論はなく、はっきりした決断力に富んでいるので、安全な社会や経済成長が作りやすいです。それで、未だに独裁主義の社会が多くあります。そこに住んでいる人たちは、自由がなくても、安全な気持ちで幸せになるのでしょう。

12歳まで独裁主義の社会に住んで、それから民主主義への移り変わりを体験した私は、やはり、自由がいいと思います。ソ連時代、「幸せ」という気持ちと「恐怖」という気持ちがいつも共存していました。外に出たら犯罪者はいなかったものの、お巡《まわ》りさんのほうが怖かったです。「こんなことを言って大丈夫?」「こんな歌を歌って大丈夫?」「こんな集まりに参加して大丈夫?」というように、いつも恐れながら自問自答していました。

独裁主義から民主主義への移り変わりは、決して簡単ではありませんでした。独立直後の1990年代、急に自由を与えられたリトアニアは治安も悪くなって賄賂《わいろ》も日常になり、経済的な格差ができました。弱肉強食の規則に基づいた、いわゆる「ワイルドな資本主義」が栄えたのです。でもやっと、独立から30年以上たった今は国が成長して、民主主義も自由市場経済も成功したに違いありません。

現在のリトアニアには数えきれないほどの政党があって、発言の自由・民主主義指数で2022年に世界39位になりました。米国30位、イタリア34位、ベルギー36位、ポーランド46位、ハンガリー56位、といった国々と近い順位です。特に嬉しいのは、発言の自由と関係のある世界報道自由度指数です。2023年に、リトアニアはイギリス、ドイツなどを上回って世界7位になりました。

歴史を遡ると、民主主義はリトアニアで非常に伝統のあるものだと分かります。16世紀に生まれたポーランド・リトアニア同盟国は、形だけは君主国でしたが、当時のフランス、イギリス、スペインなどの絶対君主制と違って、国を実際に司《つかさど》ったのは国会（Seimas、セイマス）でした。強大な立法権を持った国会は2年ごとに集まって、国のほとんどのことを決めました。最も大事なのは、国会が国王兼大公を選挙していたので、君主は国会の賛同なしに法を制定することができなかったことです。つまり、この国は典型的な共和国でした。

とはいえ当時の国会に参加できたのは聖職と貴族だけ、男性だけで、さまざまな制限がありました。ただしポーランド・リトアニア同盟国における貴族の割合は非常に高くて、社会の10パーセントぐらいは国会議員になれました。つまり、当時ヨーロッパの中で最も民主的な国でした。１７９１年にできた5月3日の憲法も、ヨーロッパ史上初の憲法だったのはあまり知られていませんね。

つまり、リトアニアとポーランドは、民主主義の伝統がとても古い国なのです。

ポーランド・リトアニア共和国の国会の様子
（1764年の選挙国会　ベルナルド・ベッロット）

残念なことに、当時の国会には一つ大きな問題がありました。17世紀から全会一致が求められるようになって、「自由拒否権」が導入されたことです。言い換えれば、国会で一人でも反対する議員がいたら、決断ができないのです。この権利は法の制定に反対する議員が次第に悪用するようになり、多くの国会が合意に至れず終わって国が弱くなる大きな原因となりました。現在も、国連安保理で導入された拒否権は、同じような問題がありますね。

リトアニアの民主主義にとって女性のパワーもとても大事です。中世・近世は、女性は選挙権がありませんでしたが、20世紀になってロシア帝国からの独立運動が始まった際、女性は男性と肩を並べて独立のために戦っていました。それで、1918年にリトアニア共和国ができたとき女性の選挙権も認められて、国会議員も、大統領立候補者もいました。アメリカでは女性の選挙権が認められたのは1920年で、それより2年早いです。現在のリトアニアも女性がとてもパワフルです。国会議員の三割が女性で、大臣はもちろん、首相、大統領、国会議長を何人も出しました。

え

エネルギー　Energija《エネルギヤ》

独立時の教訓からエネルギー独立を目指す

薪で家を温めて蠟燭で部屋を照らした中世ヨーロッパで、木材と蜜蠟の多いリトアニアは当時のエネルギー大国でした。しかし19世紀以降の、石炭、ガス、石油で動いている世界では事情が全く異なります。リトアニアは日本と同じく、そういったエネルギー資源が全くありません。

リトアニアの急速な産業化はソ連時代と重なったので、長い間、ソ連からガスがそのまま入ってきて、エネルギー問題は一切なかったです。その時、リトアニアの経済はほかのソ連の共和国と密接につながって、お互いに依存しあいました。それはソ連の戦略の一部でした。鉄のないリトアニアで鉄鋼業が進められて、食材のない国で食料品工業が進められました。ソ連が一体として動いていた間、問題はありませんでした。

初めて問題が発生したのは、1990年です。独立宣言する**勇気**（→37ページ）を示したリトアニアは、ロシアによって懲罰されました。「独立が欲しければ、独立の経済へようこそ」というように、経済封鎖が始まりました。ソ連から燃料、ガスが入らず、生活が滞りました。工場が動けなくなったのに加え、一年ほど交通機関もほとんど走らない、お湯も出ない、暖房も利かないという時代を過ごしました。お湯が出ないので、シャワーを浴びることもできないでしょう。私の思い出の中の1990年は、独立を果たした多幸感とともにとても寒くて臭い年です。

当時の独立国家は初試験を合格できました。ソ連からの輸入が止められた間、リトアニアにできたばかりの事業者は外国で燃料などを買い始めて、知らず知らず自由市場経済の基礎を築きました。経済封鎖のおかげで海外の品物が流れ込んで、前年空っぽだったお店は、あっという間にカラフルでキラキラした品物にあふれました。

苦い教訓を得たリトアニアは、1992年以来再びロシアからエネルギー資源を輸入し始めても、ロシアに完全に依存できないという意識が強くて、経済、特にエネルギーの独立を目指していました。その中でいくつか大事な出来事が起きました。一つ目は、1999年に海岸で完成されたブーティンゲ貯油施設で、リトアニアは海を通じて石油を輸出入できるようになりました。

次の大事な一歩は、２０１４年に出来上がったＬＮＧターミナルです。このターミナルのおかげで、ＬＮＧ船で液化天然ガスが世界各国から集められ、クライペダ港でガスがリトアニアの国内に送られます。このプロジェクトが計画されたときは、一般市民の批判がとても激しかったです。「パイプラインでロシアの安いガスが入っているのに、なんでわざわざ相当のお金を使ってターミナルが必要なのか」と。だって、他の国は、その間に一生懸命ロシアと仲良くしてパイプラインを進めていましたからね。それにもかかわらず、リトアニアはＬＮＧターミナルを最後まで執行させました。しかも、ターミナルの名前はとても象徴的で、「インデペンデンス」（独立）です。

このような努力にもかかわらず、２０２１年にリトアニアはエネルギー資源のほぼ70％をロシアから輸入していました。２０２２年2月に起きたロシアによるウクライナ侵攻の直後、輸入は急にゼロになりました。でも、事前の準備ができていたので、リトアニアはほとんど問題なく発電は続けられて、電気が不足することはなかったです。２０２２年にポーランドからガスパイプライン（ＧＩＰＬ）が設けられて、リトアニ

クライペダのLNGターミナル「インデペンデンス」

アとバルト三国は大陸経由でヨーロッパとつながりました。それで現在、海外から輸入される石油、ガスで発電し続けています。

でも、リトアニアの長期戦略の目的はエネルギー自給率１００％です。そう、エネルギー資源のない国でも、それが達成できることでしょう。再生可能エネルギーのおかげで。

２０２２年にリトアニアで消費された電気は１３３５０ＴＷｈで、その中の４７８３ＴＷｈは国内で発電されました。５つの火力発電所のウェイトはその39％で、再生可能資源から発電したエネルギーは６割を上回りました。水力発電は９・７％、揚水発電は11・６％、太陽光発電は７・２％で、それから風力発電は31・６％でした。総合発電における風力の割合でリトアニアはＥＵ３位になりました。つまり、風力だけでリトアニアで消費される電気の11％以上を作っています。

小さな国のリトアニアは、再生可能エネルギーで自給自足できるのですよ。目標は２０３０年までに再生可能エネルギーで電力の９割をカバーすることです。そのために現在、国が主として風力と太陽光に力を入れています。全国に風力発電所やメガソーラーがどんどんでき

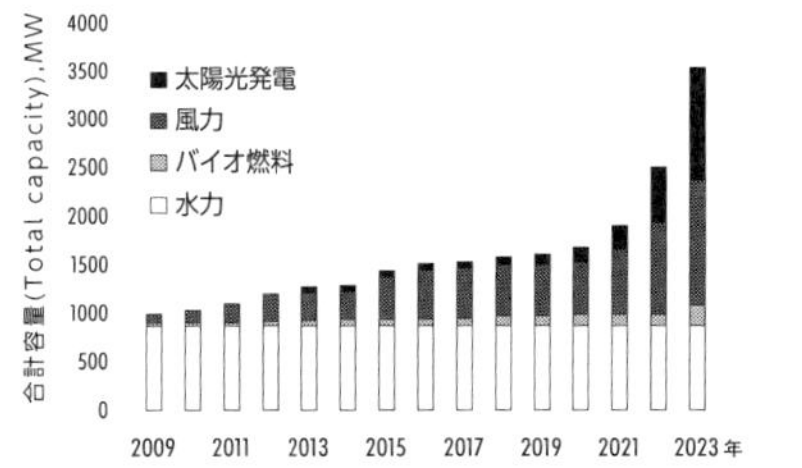

リトアニアによる再生可能エネルギー部門の推移

て、近い将来にクライペダ港の近くに大規模な洋上風力発電所が建てられます。それとともに、小規模でも再生可能エネルギーの発電と一般市民の意識を進めるために、国が一般家庭の屋根に設置された太陽光発電システムの設置を進めています。各システムはただ家庭のための電気ではなく、全国の電力系統につながっているので、各家庭は小さな発電所の役割を果たして、余った電気は国に売ることができます。それで、各家庭は微力ながら国のエネルギー独立に貢献します。

エネルギー市場が変わりつつある世界で、リトアニアのエネルギー戦略は再生可能資源に力を入れて、石油・ガスなしの世界に向かっています。

じゃあ原子力は?

ソ連時代に建てられたイグナリナ原子力発電所は、1990年代にリトアニアの電力の88%を発電していました。でも、EUに加盟するための条件として廃炉を受け入れました。2009年に廃炉されたとき、新しい原発のプロジェクトが進められて、それに、日本の「日立」も参加しました。ただし、2011年に日本で大震災が起きたあとは原子力の評判

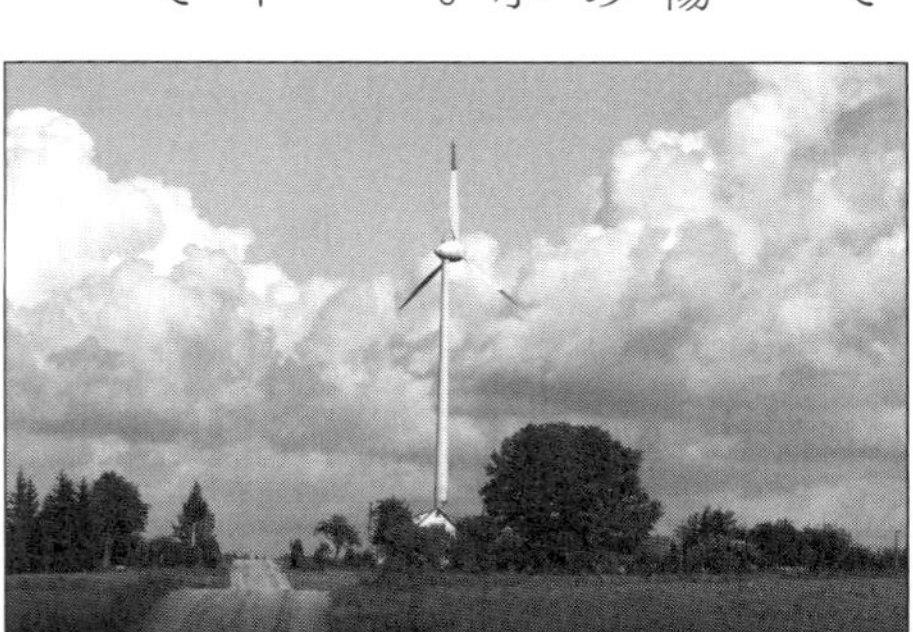

風力発電所の景色

が落ちて、2012年に行われたリトアニア国民投票では「原子力反対」が多数でした。それ以降、リトアニアは原子力なしの生活をしています。

れ　レーザー　Lazeriai《ラーゼレイ》

ソ連の数少ない良い遺産のひとつ

「ソ連時代はすべて悪かったわけではないでしょう。リトアニアは色々とロシアに感謝しなければいけない」という言葉を時々耳にします。いくつか、申し上げます。

「ソ連の赤軍のおかげで1945年にナチスが追い出されて、第二次世界大戦が終わりました」。事実は、はい、西ヨーロッパの国にとっては、戦争が終わりました。が、ナチスが追い出されてから、リトアニアにとって本当の地獄が始まりました。森の兄弟の大虐殺、シベリアへの追放、宗教の迫害などです。リトアニアにとって戦争が完全に終わったのは、1990年でした。

「ソ連のおかげでリトアニアの近代化、産業化、電気化が行われて、今でも使われているインフラもできました」。事実は、リトアニアの近代化は第二次世界大戦前の戦間期に始まりました。ソ連の占領がなければ、西欧やフィンランドのように資本主義、自由市場経済に基づいたインフラができましたね。ソ連のせいでリトアニア経済は50年を失った、それが事実です。

でも確かに一つ、ソ連に感謝しなければいけないこともあります。それは理科学です。ソ連の高等教育では文系と社会学がマルクス・レーニン主義に基づいていたので、その分野では50年が失われました。が、理科学にソ連は本当に力を入れていました。それで優れた研究者が育てられました。彼らのおかげで、独立以来リトアニアのハイテクが急速に進んでいます。

その一例がレーザーです。１９６０年代に、ヴィリニュス大学物理学学部の学生たちはモスクワで学んだ後、リトアニアでレーザーの研究を始めました。国から大きな支援を受けたこの研究分野は順調に進んで、レーザーが開発させられました。ソ連が潰れる直前の

2023年、日本でリトアニアのレーザーを紹介するブース

１９８７年に、この研究所で初めて産業レーザーＰＬ－１０２０を作りました。これは光学の専門家に限らず、専門外の人でも使用できたレーザーでした。ＰＬ－１０２０をドイツのミュンスター大学が購入したことでリトアニアのレーザー開発の歴史が始まりました。面白いことに、世界で商品化されたレーザーの中で、先頭を走っていたのはリトアニアのレーザーでした。

驚くべきことに、リトアニアの日本への最初の輸出品は、農産物、**リネン**（↓161ページ）、家具ではなくて、科学レーザーでした。１９９０年代に、日本のいくつかの大学や病院がリトアニアからレーザーを購入して品質に驚き、全国で売れるくらい評判になりました。今でも、リトアニアから日本への輸出の3割ぐらいはレーザーですよ。

独立前からレーザー産業は発展し続けて、現在は60社以上が活躍しています。互いに競争するのではなく、それぞれ異なった分野に集中していて、リトアニア産のレーザーのヴァラエティもとても豊かです。リトアニア産のレーザーの9割は世界各国に輸出されていて、ＩＢＭ、ＮＡＳＡ、米国の海軍および空軍の研究所、日立および三菱の研究所、ＣＥＲＮ、原子研

一人当たり総生産（国際通貨基金）	世界38位	2023
世界競争力ランキング（IMD）	世界30位	2024
グローバル・イノベーション・インデックス（世界知的所有権機関）	世界34位	2023
世界デジタル競争力ランキング（IMD）	世界28位	2023

リトアニアの経済ランキング

究所などで使われています。

　専門家ではない私に、レーザーはとても遠く離れた世界のように見えましたが、実は、我々の日常において非常に身近なものです。皆さんが使っているスマホの部品はレーザーでカットされます。もしかして目の手術、皮膚の手術をリトアニア産の医療用レーザーで受けた人もいるかもしれませんね。レーザーなしの今の世界は、想像しにくいです。

　リトアニアのハイテク産業はレーザーだけではありません。この10年ぐらい、海外投資のおかげで自動車部品工場も増えてロボット、小型人工衛星の製造も盛んになり、製造業が進んでいます。それでリトアニア経済も順調に成長しています。

て　デジタル化　Skaitmenizacija《スカイトメニザーツィヤ》

IoTとフィンテックに強い国

リトアニアは民主主義だけではなくて、経済も大変成功した国です。激動の１９９０年代は大変でしたが、その後の25年間（1997－2022年）の経済成長率は171％でEU3位でした。一人当たりGDPでは2023年に世界38位になって34位の日本に近づき、EU27か国のEUの中では16位を占めています。本当に頑張りましたね。

経済成長の秘密は、レーザーのような先端技術もありますが、リトアニアのハイテク産業に昔から栄えている食料加工、家具、服の製造を加えた製造業の割合は、国の総生産の2割ほどです。それに対して、第三次産業は7割ぐらいです。その中でも運輸、小売業はもちろんですが、この数十年、ICT（情報通信技術）も素早く進んできました。

私は、日本が大好きです。日本の大都会の生活、高層ビル、正確に動いている交通機関などなど、毎回改めて感動しています。でも、正直に言うと、リトアニアに住んでから日本に来ると、時代が遅れているということも感じますよ。それは特にデジタル化のことです。

「あら、インターネットが遅いよ！」「Wi-Fiにアクセスできるところも少ない！」「タクシーは道で拾うの？」「カードが使えないお店もある？」「銀行振込って銀行に行かなければいけないの？」「婚姻届も？」このように不便な出来事が、日本で毎日のように起きています。私だけではなくて、ほとんどのリトアニア人が気づいていることです。

リトアニアでは、ほとんどのことはスマホかパソコンで完結できます。リトアニアではもう10年ぐらいタクシーを拾ったことがありません。アプリで呼びます。最近、現金を触ったこともあまり覚えていません。公務の手続きも、税金も、結婚届も全部オンラインです。図書館もデジタル化が進んで、リトアニアの博物館のデジタル化は、まさかの100%です！　コロナ禍で特にオンラインショッピング、テレワーク、オンライン教育などが進んできたので、最近、家を出なくても何でもできる気がします。

デジタル化はいい点も悪い点もありますが、デジタル化のおかげで面倒くさいことを防げるのは、やはりありがたいです。行列しなくてよく、雨の中でタクシーを待たなくていいので嬉しいです。選挙だけはまだオンラインでできませんが、近いうちにそれも達成できると期待しています。

さて、デジタル化で特に進んでいる分野は何でしょうか。まずはモノのインターネット（IoT）です。つまり、スマホで物をコントロールできる技術で、例えば皆さんがリトアニアを旅行するときに、東京のお宅の窓を開けたり、クーラーを入れたり、炊飯器を付けたり、花に水をやったりできます。同じように、自動車、工場、都市の管理も当たり前になります。この技術があれば、スマートハウスだけではなくて、スマートシティー、スマートファクトリーも実現できます。リトアニアでIoTを行っているTeltonika社は既に全世界で知られていて、最近、シンガポールと東京にオフィスを持ちました。

もう一つ、リトアニアが強い分野がフィンテックです。これはキャッシュレスだけではなく、本当に銀行のない世界に社会を変えていきます。2017年ごろ、リトアニアはフィンテックの中心地になるために電子マネーにとても優しい環境を作って、海外から多くの直接投資を誘致しました。それで多くの会社がリトアニアに入って、2018年に欧州初のブロックチェーン・センターが**ヴィリニュス**(↓107ページ)に設立されました。翌年にヴィリニュスはフィンテックにおけるFDIで世界7位になりました。

今のグローバルな世界で、小国のリトアニアだけの力で目的を達成するのは難しいですが、世界が不思議につながっています。海外の投資がリトアニアで活かされ、また多くのイギリス、ドイツ、アメリカの企業は、ICTのことをリトアニアに任せています。しかも、ICT分野で働いている人たちはかなり国際的ですね。例えば、独裁主義

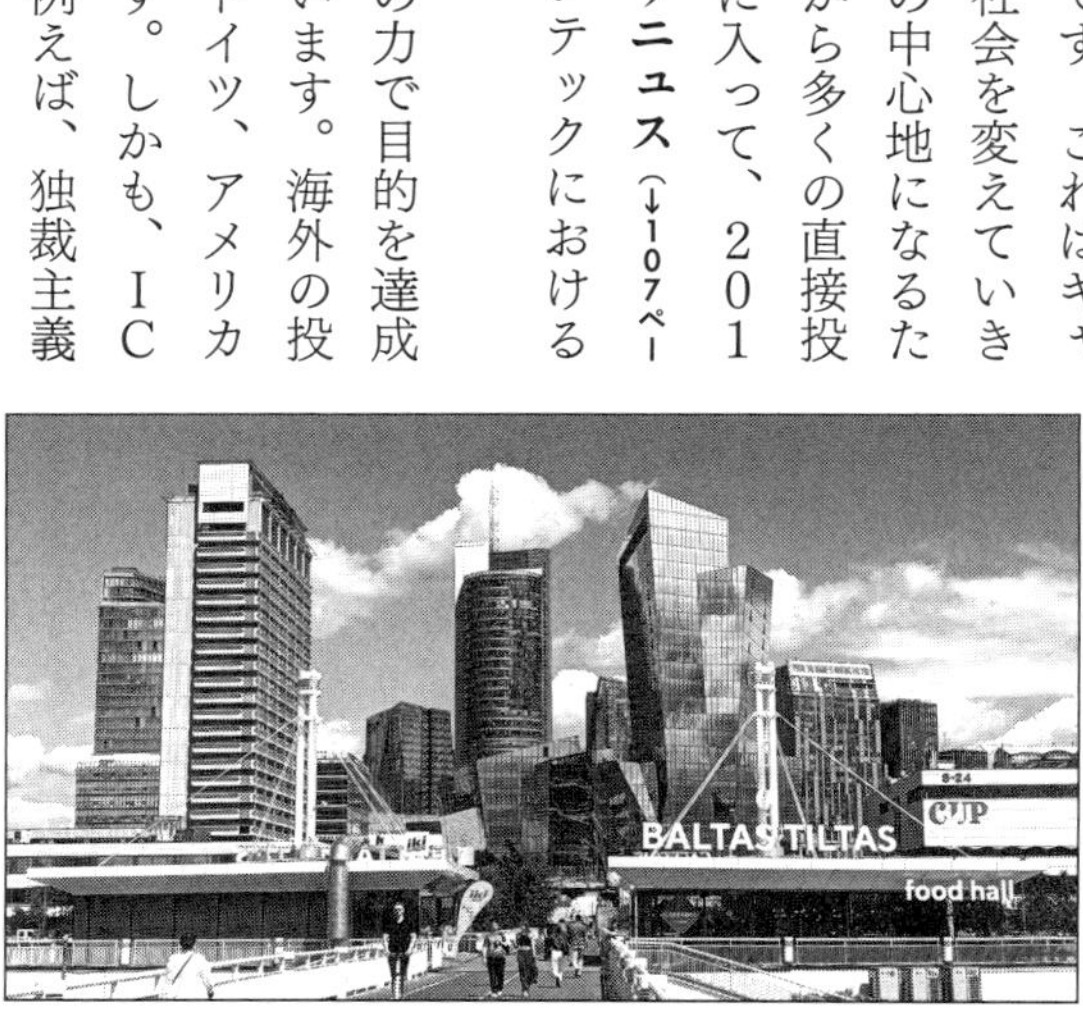

リトアニアの経済発展とデジタル化の中心地になったヴィリニュス

のベラルーシで自由に生活できない優秀な若者たちはリトアニアに逃れて、その才能が現地で活かされています。

ＩＣＴ分野はなんの資源も場所も必要なく、ただ一つ、人材で動いていますね。人材を育てる、またよそから招くために、国としていい環境をつくるべきです。税金をより安く、手続きをよりやさしく、刺激をより強く。こんな環境が形成されているリトアニアで、ベンチャー企業が次々と出来上がって、若いエネルギー、アイデア、イニシアティブで溢れています。一人の小企業から10億ドル以上の評価額になった、いわゆるユニコーン企業はリトアニアの自慢です。

もちろんデジタル化の可能性だけではなく、その危険性も把握しなければいけません。現在はさまざまなことがサイバースペースで起きているので、リトアニアはサイバーセキュリティにも力を入れています。特に、隣にあるいくつかの国がサイバー攻撃が大好きなので、それを防ぐために研究も技術も早く進んでいます。いうまでもなく、日本の隣にもいくつかの危ない国があるので、同じような攻撃を体験していますね。この分野で、両国がさまざまな共通点を分かち合って、お互いに協力できれば嬉しいです。

ら

ライフ・サイエンス Gyvybės《ギーヴィーベス》 mokslai《モクスライ》

人口300万人の国に1・5万人以上の研究者

2012年、ヴィリニュス大学で長年にわたって制限酵素の研究を行ったV・シキシニース（Virginijus Šikšnys）教授は、独自に新しいゲノム編集技術を発明しました。その技術を、「遺伝子バサミ」（genų žirklės）と名付け、Cas9というプロテインを使用してDNAを切ることができました。

教授は新しい発明についての論文を学術雑誌に送ったものの、雑誌が興味を示していませんでした。一方、数か月後にアメリカのカリフォルニア大学バークレー校の研究者が書いた同じ発明についての論文は大好評で、結局2020年にノーベル賞受賞という結果に終わりました。残念なことに、シキシニース教授は受賞されませんでしたが、リトアニアで最も知られている研究者の一人です。彼のおかげでゲノム編集の研究は進んでいます。「遺伝子バサミ」によって、乳製品の分野で使われる細菌のゲノム編集などができるようになりましたが、将来の可能性として、人の遺伝子疾患の治療にも使用できないかと議論されています。「遺伝子バサミ」の他にもリトアニアの生命科学の分野の研究者はさまざまな発明を行い、国際的に知られています。脳の研究、抗癌剤の研究の分野で著しい発明が有名です。

私が特に嬉しいのは、ライフサイエンス分野で日本と一緒に国際会議、共同研究を行っていることです。例えば、慶應義塾大学とリトアニアの大学は一緒に手を組んで、お互いに患者のデータを分かち合い、いくつかの希少疾患のケースを解決できました。また、昭和大学とリトアニア国立癌センターの協力でＭＲＩの画像を使って乳癌を早い段階で診断する研究が進んでいます。

このようなプロジェクトで両国の強みを合わせると、とてもいい結果が実ります。リトアニアの強みは**デジタル化**（↓192ページ）です。

資源の少ないリトアニアの最も大事な資源は優秀な人材です。人口が少ない割に、リトアニアには生命科学分野で約1万5千人の研究者がいて、その中には多くの女性が活躍しています。普通は理系は男性のイメージが強いですが、リトアニアの場合、ＳＴＥＭ研究

2024年に慶応大学を訪問するリトアニア保健大臣

者の中で57％も女性が占めていますよ。

　この分野では研究者と企業がとても上手く協力しあって、ライフサイエンスは経済的な力につながっています。リトアニアは世界経済フォーラムによって、２０１９年の科学とビジネス協力指数で中東欧1位にランクインされました。また２０１８年、米国の『Scientific American Worldview』誌によって、バイオテクノロジーにおけるイノベーション・ポテンシャルでリトアニアは54ヶ国中で6位にランクインしました。

　現在、バイオテックと関連のある約４００社の企業と40社のスタートアップで、５０００人程度の職員が働いており、最も大きな企業は、アメリカの投資でできたThermo Fisher Scientific Baltics社です。実は、コロナの時の多くのワクチンは、ここで作られました。

　高齢化社会という背景もあって、これからバイオテックは世界でますます重要になることを見通しています。リトアニアの国は、**レーザー**（↓189ページ）、デジタル化とともに、バイオテックを可能性のある企業分野として認めており、戦略的に力を入れています。それで、国か

バルト三国最大のバイオテック企業Thermo Fisher Scientific Baltics

らの支援もあっていい環境が作られています。また、毎年行われるバイオテック関係のイベント「Life Sciences Baltics」は、バルト三国で最大です。生命科学分野は十年で急速に発展し、この成長率はＥＵの中で一位です。国で作られるバイオテックの9割が輸出され、その中には日本も含まれています。現在リトアニアの総生産の3％が生命科学分野によるもので、２０３０年にそのシェアを5％にする予定です。

ま　マイノリティ　Mažumos《マージュモス》

マイノリティと共存するのがリトアニアの伝統

「日本語はお上手ですが、他の言葉もお出来になりますか」と私はよく聞かれます。はい、母語のリトアニア語、ソ連時代に習ったロシア語、独立してから習った英語、独学で覚えたスペイン語が話せます。それを聞く日本人は大変驚きますが、リトアニア人にとってはかなり普通のことです。

ソ連時代には、家庭では母語を使いましたが、マスコミ、公の場ではロシア語がよく使われていて、幼い時から身に付きました。逆に、独立後に生まれた私の娘たちはロシア語が全くできません。こんな難しい言葉に挑戦しようともしないです。逆に、小学校から習ってきた英語が流暢《りゅうちょう》です。母の世代は英語がほとんど話せないのに対して、二つの時代を跨《また》がる私の世代はロシア語も英語も普通に話せます。

リトアニアは言語教育に力を入れていて、小学校で第一外国語、中学校から第二外国語が必須科目になって、英語だけではなくフランス語、ドイツ語などが勉強できます。人口の78・5%は少なくても二か国語ができます。小国は、さまざまな言葉を話さないと生き残れません。

多くのリトアニア人はとても国際的な環境に育ってきました。同じ遊び場でリトアニア人、ポーランド人、ベラルーシ人、ユダヤ人、ロシア人、ロマなどが一緒に遊んで、一緒に楽しんでいました。違う価値観、宗教を持っても、言葉を使っていても、お互いに違和感を感じず、摩擦もほとんどなかったですね。

島国の日本で生まれ育った人にはわかりにくいかもしれませんが、この「マイノリティ」と一緒に仲良く暮らすという感覚は、リトアニアの歴史の

リトアニア人	84.6 %
ポーランド人	6.5 %
ロシア人	5.0 %
ベラルーシ人	1.0 %
ウクライナ人	0.6 %
ユダヤ人	0.1 %
タタール人	0.07 %

リトアニアの民族構成（2021年）

中にいつもありました。**ヴィリニュス**（↓107ページ）設立の伝説にもこの話が出ています。ゲディミナス大公は町を繁栄させるために海外からさまざまな職人、商人を招待しました。また、ヴィータウタス大公は、東からタタール人とカライメ人を連れてきて、軍隊に入れました。中世からリトアニアのさまざまな町にドイツ人、スコットランド人、タタール人などが住んでおり、イタリア人が芸術家として活躍していました。

リトアニアの歴史で特に大事なマイノリティはユダヤ人です。スペイン、後にドイツから追い出されたユダヤ人は東に逃れて、14世紀からリトアニア**大公国**（↓98ページ）で新しい母国を見つけました。20世紀までに旧ポーランド・リトアニア同盟国が支配した地域は、ヨーロッパでユダヤ人が一番集中したところでした。ここで宗教、言葉（イディッシュ語）、法律を自由に守ることができたユダヤ人は、教会（シナゴーグ）や神学校（イエシーバー）を建てたりして、ユダヤ教の哲学が繁栄しました。リトアニアのユダヤ人は独自のアイデンティティを持って、自分のことをリトヴァーキ（Litwaki）と呼びました。

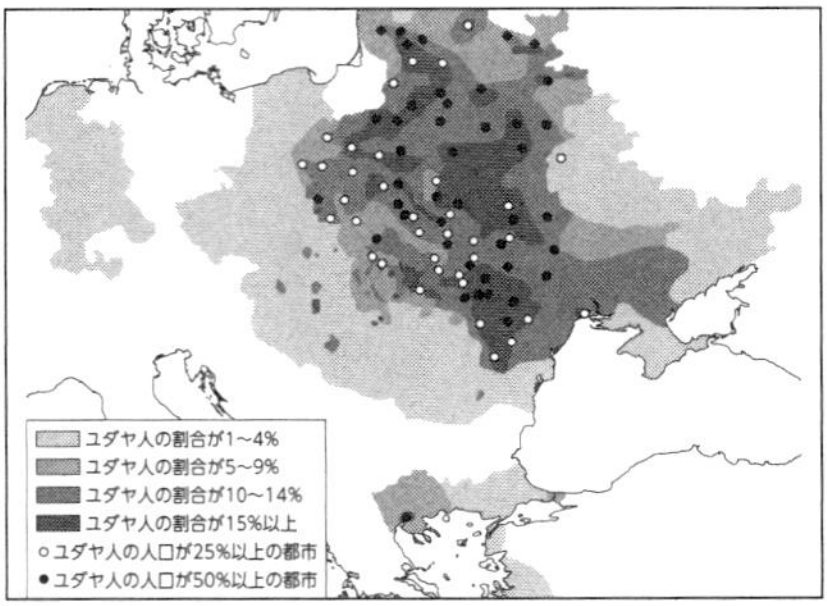

1900年のヨーロッパにおけるユダヤ人の集中

20世紀、戦間期のリトアニア共和国でも、場合によって町の人口の3割までをユダヤ人が占めていて、ユダヤ人の銀行、劇場、新聞、学校などが栄えていました。ただし、1941年にナチスドイツの占領下でほとんどのユダヤ人が虐殺され、リトアニアから姿を消しました。個人的に恥ずかしいことに、ホロコーストに協力したリトアニア人もいました。でも、多くのリトアニア人は自分の命をかけてユダヤ人を救い続けていたという物語も重要です。

ホロコースト中にリトアニアを離れたユダヤ人は、後にさまざまなところで活躍され、有名な人も多くいます。

リトアニアの中のマイノリティは時代が進むにつれて少しずつ変わりました。中世からはドイツ人、タタール人、ユダヤ人がメインでしたが、19世紀からロシア人が増えてきました。三十数年前、独立してからも移民があります。

隣のベラルーシのルカシェンコ大統領の独裁主義から逃れるベラルーシ人もリトアニアに数多くいます。ベラルーシで自由な教

ヤッシャ・ハイフェッツ（Yasha Heifetz）	1901–1987	アメリカのヴァイオリニスト
エマニュエル・レヴィナス（Emmanuel Levinas）	1906–1995	フランスの哲学者
レア・ゴルドベルグ（Leah Goldberg）	1911–1970	イスラエルの詩人
ロマン・ガリー（Romain Gary）	1914–1980	フランスの作家
ボルフ・ラッツ（Boruch Latz）	1921–2021	アメリカの医者、ノーベル平和賞受賞者
ネハマ・リフシツ（Nechama Lifshitz）	1927–2017	イスラエルの歌手

リトアニア出身の20世紀の有名なユダヤ人（リトヴァーキ）

育ができないベラルーシ人は、隣のリトアニアでベラルーシ人向けの大学までも設立しました。

2022年以来、ウクライナ難民もリトアニアに逃れて、現在8万人に達しました。人口の少ない国にその難民の数は大変ですが、難民キャンプは一つもないです。難民は一般市民の家族の中に受け入れられて、ほとんどが仕事を見つけました。しかも、労働力の不足しているリトアニアの労働市場に入り込みました。優秀なベラルーシ人、ウクライナ人は、新しい企業を次々設立し、リトアニアの経済、**デジタル化**（↓192ページ）に貢献しています。

他方、複雑な国際情勢の中で、移民はさまざまな問題をもたらしてもいます。場合によっては安全保障の面で脅威になります。他のバルト三国の割合に比べてロシア系の人は少ないですし、多くのロシア系の人はリトアニアに馴染んでいます。が、一部は残念なことに一生住んでもリトアニア語が話せない、リトアニアが嫌い、プーチン派という人もいます。

ウクライナセンターを訪問するリトアニア大統領夫人

せ　世界　Pasaulis《パサウリス》

世界とつながるために努力するリトアニア

リトアニアは独立以来、「世界」に戻る情熱を持っています。「世界」というのは、民主主義、資本主義、法を尊重する各国の仲間のことです。

リトアニアにとって、ソ連は「世界」ではなかったのです。50年間、「鉄の壁」で孤立させられた「牢獄」でした。「世界」がさまざまな面で発展していた間に、「牢獄」では共産主義の明るい未来の幻を追い掛けていただけです。それで独立後のバルト三国は、刑務所に長く入っていた人と同じように、「世界」を新しく再発見して、「世界」がどれほど発展してきたかを理解しました。非常に遅れた自分をみて、恥ずかしくなって、自信がなくなりました。

とてもつらいことに、「世界」もすぐ我々の存在を認めてくれたわけではありません。独立を宣言しても、正式な承認はなかなか実現できませんでした。１９９１年にアイスランドがリトアニアの独立を認めた日の喜びを、未だに覚えています。それは、自分が存在し始めたことの大事な証でした。でも、今でも「世界」の皆さんから「旧ソ連」「貧しい」「暗い」と言われるのは珍しくありません。

これは戦後の日本と共通します。当時の日本も自分を責めながら、世界の各国の仲間に入りたくて、許されたくて熱心に努力していました。１９６４年の東京五輪は世界が許したことの証になって、大喜びでしたね。我々の国にとって、１９６４年に相当するのは、２００４年でした。その年にＥＵとＮＡＴＯの加盟国になって、やっと「世界」の一員になった気持ちでした。

ただし、ＥＵ、ＮＡＴＯに加盟するだけで我々が本当に「世界」に戻ったわけではありません。50年間、リトアニアのインフラも人々の考え方も、東の隣国とつながっていたので、独立してから西にある世界と再びつながらないといけませんでした。それで、この30年間、我々は一生懸命に「世界」とつながるように頑張ってきました。

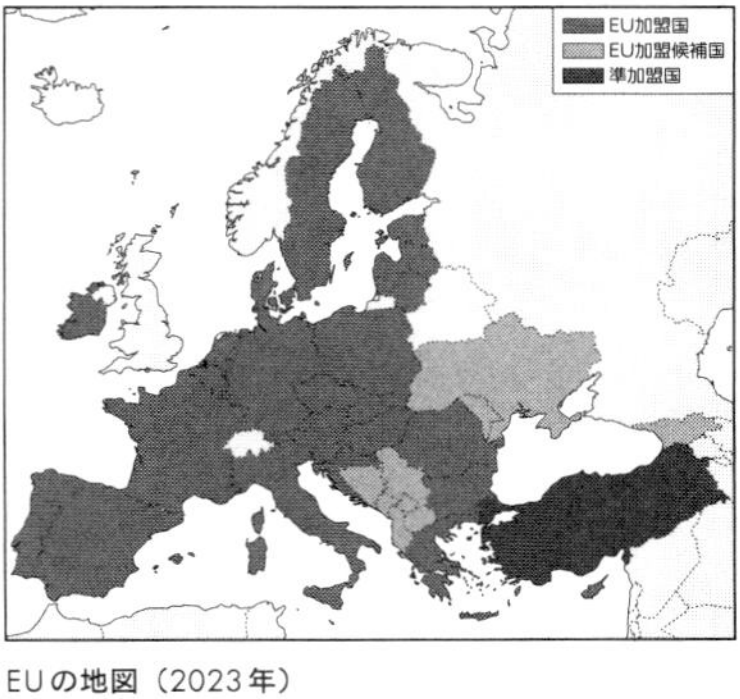

EUの地図（2023年）

例えば具体的なインフラの話をしますと、リトアニア鉄道の線路軌間は１５２０ミリメートルで、旧ソ連支配下の国々はみんな一緒です。それに対して、隣のポーランドを含めて、ほとんどの欧州は1435ミリメートルです。つまり、リトアニアの電車は旧ソ連の東の端まで行けるのに、ポーランドの国境は越えられません。線路の軌間が合わないのです。2017年に敷設工事が始まったRail Balticaという路線は、タリン、リーガ、カウナスをポーランドのワルシャワと1435ミリメートルの線路でつなげる予定です。それができたら、バルト三国から電車でヨーロッパにいけるようになりますね。

同じように、ほとんどのヨーロッパが発電・変電・送電・配電を統合したシステムを作っているのに対し、バルト三国の電気は旧ソ連の電力系統に属しています。ヨーロッパとつながるため、リトアニアは2015年にポーランド（LitPol）とスウェーデン（NordBalt）と電線路を作って、近いうちにポーランドと水底電線路（Harmony）を作る予定です。

EU、NATOの中で、リトアニアは隣の仲間と交流を進めています。例えば、NATOの東の国境をなしている国と一緒に「ブカレスト9」のフォーマットで防衛の話を進めています。ならびに、欧州連合の東の13か国は「三海洋イニシアチブ」として経済、デジタル化、交通の分野でつながっています。

そのつながりは当然、EU、NATOの国境を越える場合もあります。リトアニアは、ロシアと近い関係を持つ、ソ連の後任と言われる「独立国家共同体」に、最初から加盟しませんでしたが、その加盟国の民主化に貢献しています。例えば、2020年、リトアニア、ポーランドとウクライナが手を組んで、「ルブリン・トライアングル」という同盟を作りました。その目的はウクライナのNATO、EUへの加盟を進めることです。

リトアニアの中国に対する態度も興味深いです。2000年代に、リトアニアは積極的に中国との交流を進めましたし、中東欧の17か国とともに「17＋1」というフォーマット

組織名	加盟した年	加盟国
国 連	1991	193ヶ国
バルト海諸国理事会	1992	デンマーク、エストニア、フィンランド、ドイツ、アイスランド、ラトビア、リトアニア、ノルウェー、ポーランド、スウェーデン、欧州連合
欧州連合	2004	ベルギー、フランス、ドイツ、イタリア、ルクセンブルク、オランダ、デンマーク、アイルランドなど全27ヶ国
NATO	2004	アメリカ、イギリス、フランス、イタリア、カナダ、デンマーク、ノルウェー、ポルトガルなど全32ヶ国
ブカレスト9	2015	ブルガリア、チェコ、エストニア、ハンガリー、ラトビア、ポーランド、ルーマニア、スロバキア
三海域イニシアチブ	2016	エストニア、オーストリア、クロアチア、スロバキア、スロベニア、チェコ、ハンガリー、ブルガリア、ポーランド、ラトビアなど全13ヶ国
OECD	2018	アメリカ、イギリス、フランス、ドイツ、イタリア、カナダ、スペイン、スウェーデン、オーストリアなど全38ヶ国
ルブラン・トライアングル	2020	リトアニア、ウクライナ、ポーランド

リトアニアが所属する主な国際機関と加盟した年

に参加しました。ただし、中国がリトアニアの戦略的インフラ（鉄道、接続性など）に投資しはじめた際、リトアニアは脅威を感じました。２０１８年以来、中国との関係は悪化し、台湾との関係はよりよくなっています。**勇気**（↓37ページ）のあるリトアニアは、独裁主義の国と貿易関係、投資を持つのをあまり好みません。

　中国との関係が悪化した際に、リトアニアを手伝ってくれた国の一つが日本です。日本はリトアニアと価値観を分かち合っている国で、色々な面で両国の立場は一致しています。２０２２年にロシアによるウクライナ侵攻が始まって以来、日本が民主主義、国際社会が作ったルールの世界を支える立場を選んでくれて、大変うれしいです。２０２２年10月に両国の首相は戦略的パートナーシップを発表し、関係を格上げしました。これからも、お互いを大事にしながらさまざまな交流を進めましょう！

2022年、シモニーテ首相と岸田首相が戦略的パートナーシップを発表するところ

あとがき　Pabaigos《パバイゴス》 žodis《ジョーディス》

1989年8月23日、11歳の私は母と一緒に手をつないで、バルト三国の市民が一緒に作った650キロメートルにわたる人間の鎖に参加しました。この力強い行動は、違法なソビエト占領に対する平和的な抗議で、自由と民主主義への深い願いを示したものでした。今年、人間の鎖が出来てから35年が経ちました。

この出来事の翌年に独立を宣言し、史上3回目の生まれ変わりを遂げたリトアニアは急成長してきました。歴史、遺産、言葉、伝統文化を大事にしながら、ハイテク、デジタル化、エネルギー政策などに力を入れて、民主化と経済成長の成功例として取り上げられます。

ソ連の刑務所から脱出して、やっと世界に戻りました。様々な国と信頼できる関係も作り上げました。日本とも、民主主義の価値観を分かち合って、様々な分野で交流を進めて、2022年に両国は公式に戦略的パートナーとなりました。国際情勢が複雑になる世界の中で、このようなパートナーシップはより重要になって、全世界の平和につながります。リトアニアでは、日本は大変憧れのある国で、日本の文化、技術、思想が愛されています。毎年春には一般市民が桜公園に集まって花見を楽しんでいます。リトアニアの各地で数多くの日本文化フェスティバルが開催され、リトアニアで日本車の売り上げはナンバーワンになっています。友人の中には合気道や弓道にはまっている人が多くいます。また、私の娘たちは、宮崎駿監督の『となりのトトロ』と『千と千尋の神隠し』の影響で育てられました。

この本を通じて、日本でもリトアニアについての理解が少しでも深くなれば、私のミッションが達成できます。皆様に最後まで読んでいただいて、心から感謝します。でも、百聞は一見にしかず。皆さん、ぜひリトアニアにいらして、緑の自然の空気を吸って、おとぎ話のような町並みをぶらぶら散策して、美味しい食事を味わって、ピリティスの気持ちよさを体験して、穏やかで素朴なリトアニアを満喫してください。

お待ちしております！

最後に謝辞を。片倉さんと星海社の皆様に、ご丁寧に原稿を読んでこの本を編集してくれてありがとう。レジャバ駐日ジョージア大使、今回の本を書く刺激を与えてくれたことに感謝します。この本の作成に協力してくださった皆様に感謝します。

日本語で出版されたリトアニアについての参考文献

●ジョナス・メカス、飯村昭子訳『メカスの映画日記』(1974年、フィルムアート社)
●ジョナス・メカス、木下哲夫訳『メカスの友人日記 レノン/ヨーコ/マチューナス』(1989年、晶文社)
●渡辺勝正編著、杉原幸子監修『決断・命のビザ』(1996年、大正出版)
●リトアニア共和国外務省『リトアニア共和国の現在』(1997年、リトアニア共和国大統領府発行課)
●山内進『北の十字軍「ヨーロッパ」の北方拡大』(1997年、講談社)
●近畿日本ツーリスト『バルト3国』(1993年、近畿日本ツーリスト)
●杉原幸子『六千人の命のビザ』(1998年、大正出版)
●河村務『バルトの光と風』(2000年、東洋出版)
●鈴木徹『バルト三国史』(2000年、東海大学出版会)
●渡辺勝正『真相・杉原ビザ』(2000年、大正出版)

●ヴァルダス・アダムクス、村田郁夫訳『リトアニアわが運命』（2002年、未知谷）
●村田郁夫編『リトアニア語基礎1500語』（2002年、大学書林）
●杉原幸子、杉原弘樹『杉原千畝物語　命のビザをありがとう』（2003年、金の星社）
●トマス・ヴェンツロヴァ、LinaSkripskaite 訳『ヴィリニュスとトラカイガイドブック』（2003年、R・パクニース出版社）
●篠輝久『約束の国への長い旅』（1998年、リブリオ出版）
●『Jonas Mekas　ジョナス・メカス』（2005年、有限会社ワタヌキ）
●関根由美子『リネンワーク』（2005年、文化出版局）
●Tina Tomari『Lino e Lina』（2006年、Joint Inc.）
●畑中幸子、ヴィルギリウス・チェパイティス『民族の苦悩と栄光　リトアニア』（2006年、中央公論新社）
●渡辺勝正『杉原千畝の悲劇　クレムリン文書は語る』（2006年、大正出版）
●寿福滋『杉原千畝と命のビザ――シベリアを越えて――』（2007年、サンライズ出版）
●原翔『バルト三国歴史紀行Ⅲ リトアニア』（2007年、彩流社）
●インドレ・バロニナ、松尾秀人『役に立つリトアニア語』（2008年、POD）

●マーリュス・ヨーヴァイシャ、ヴィオレタ・デヴェーナイテー訳『知られざるリトアニア』（2009年、Unseen Pictures）
●夏石番矢『迷路のヴィルニュス　Labyrinth of Vilnius/Vilniaus labirintai』（2009年、七月堂）
●平野久美子『坂の上のヤポーニア』（2010年、産経新聞出版）
●千畝ブリッジングプロジェクト『杉原千畝ガイドブック』（2011年、リトアニア杉原記念館）
●白石仁章『杉原千畝　情報に賭けた外交官』（2015年、新潮社）
●ルータ・セペティス、野沢佳織訳『灰色の地平線のかなたに』（2012年、岩波書店）
●ジョナス・メカス、木下哲夫訳、森國次郎編『Jonas Mekas. Notes, Dialogues, Films』（2012年、せりか書房）
●ミセス『プレフォールコレクション・この夏欲しいもの』（2013年、文化出版局）
●赤木春奈、吉澤麻美編訳、モニカ・ドヴィルナイテ編訳、シモナス・ダヴィダヴィチュス編纂、シモナ・ヴァシレヴスキーテ訳『Cherry blossoms in Lithuania Sakuros Lietuvoje』（2013年、Pasaulio Lietuvių centras）
●赤木真弓『ラトビア、リトアニア、エストニアに伝わる温かな手仕事　バルト三国の伝統的なハンドクラフトと街歩き案内』（2014年、誠文堂新光社）

●FIGARO Japan voyage Vol.32『バルト3国の可愛い旅 エストニア・ラトビア・リトアニアへ』（２０１４年、ＣＣＣメディアハウス）
●口尾麻美『Mano Mėgstamiausia Lietuva　旅するリトアニア』（２０１４年、グラフィック社）
●アンドレス・カセカンプ、小森宏美訳、重松尚訳『バルト三国の歴史　エストニア・ラトビア・リトアニア 石器時代から現代まで』（２０１４年、明石書店）
●Andrey Taranov『リトアニア語の語彙本７０００語』（２０１４年、T&P Books）
●白石仁章『戦争と諜報外交　杉原千畝たちの時代』（２０１５年、ＫＡＤＯＫＡＷＡ）
●白石仁章『六千人の命を救え！　外交官・杉原千畝』（２０１４年、ＰＨＰ研究所）
●中川素子『アウスラさんのみつあみ道』（２０１５年、石風社）
●山田せいこ、古江孝治監修『コミック版世界の伝記　杉原千畝』（２０１５年、ポプラ社）
●櫻田敬『戦場の外交官杉原千畝』（２０１５年、ＰＨＰ）
●大石直紀『杉原千畝』（２０１５年、小学館）
●公益財団法人ＪＡＬ財団編『あさのうた　Impressions of Morning』（２０１６年、ブロンズ新社）
●清水陽子『ユダヤ人虐殺の森　リトアニアの少女マーシャの証言』（２０１６年、群像社）
●MAGAZINE FOR NEW TRAVELERS Coyote『自然との新しい出会い方 SAUNA for Beginners』

（2017年、Switch publishing）

●ユルガ・ヴィレ、木村文訳『シベリアの俳句』（2022年、花伝社）

●経済相管轄国立観光局『リトアニアユネスコ世界遺産』（2018年、エウギリマス出版社）

●中川素子『スタシスさんのスポーツ仮面』（2018年、岩崎書店）

●マリウス・マルツィンケヴィチウス、木村文訳『ちいさな ちいさな みんなとあそぶリトアニアのしのえほん』（2021年、銀の鈴社）

●武田充司『リトアニア史余談76』（2018年）

●アルフォンサス・エイディンタス、アルフレダス・ブンブラウスカス、アンタナス・クラカウスカス、ミンダウガス・タモシャイティス、梶さやか訳、重松尚訳『リトアニアの歴史』（2018年、明石書店）

●大新田納、成沢文子、松本ありさ『杉原千畝の道 The way of Chiune Sugihara』（2019年、Chiune Sugihara Memorial Foundation）

●高橋眞知子『歌の革命 リトアニアの独立とそれにまつわる人々』（2019年、社会評論社）

●櫻井映子『ニューエクスプレスプラス リトアニア語』（2019年、白水社）

●Sanna『バルト三国 愛しきエストニア、ラトビア、リトアニアへ』（2019年、書肆侃侃房）

●渋谷智子『おとぎの国を巡る旅バルト三国へ』（2019年、イカロス出版）
●塚田紀子、小林奈美『バルト三国で出会った素材で作る手作り服と小物』（2020年、文化出版局）
●TRANSIT47号『特集：永久保存版　バルトの光を探して　エストニア／ラトビア／リトアニア』（2020年、講談社）
●サロメーヤ・ネリス、木村文訳『あさはやくに　ANKSTI RYTĄ』（2020年、ふらんす堂）
●若林良、吉田悠樹彦、金子遊『ジョナス・メカス論集　映像詩人の全貌』（2020年、neoneo）
●日本パン菓新聞社編集部『大使夫人のおもてなし　世界のパン・和菓子・料理のレシピと食文化』（2020年、日本パン菓新聞社）
●高橋文『太平洋を渡った杉原ビザ＝THE SUGIHARA VISA, ACROSS THE PACIFIC：カウナスからバンクーバーまで』（2020年、岐阜新聞情報社）
●シモナス・ストレルツォーバス、赤羽俊昭訳『第二次大戦下リトアニアの難民と杉原千畝「命のヴィザ」の真相』（2020年、明石書店）
●渡辺勝正『六千人の命を救った外交官杉原千畝』（2020年、小学館）
●古江孝治『杉原千畝の実像　数千人のユダヤ人を救った決断と覚悟』（2020年、ミルトス）
●北出明『続　命のビザ、遥かなる旅路　7枚の写真とユダヤ人救出の外交官たち』（2020年、

Parade Books)
●佐々木敬子『旅するエストニア料理レシピ』（2021年、株式会社グラフィック）
●菅野賢治『「命のヴィザ」言説の虚構　リトアニアのユダヤ難民に何があったのか？』（2021年、共和国）
●北出明『命のビザ、遥かなる旅路』（2012年、交通新聞社）
●水澤心吾『三崎慎吾の杉原千畝物語　一人芝居「決断・命のビザ」ノート』（2012年、三五館）
●白石仁章『Sugihara Chiune. The Duty and Humanity of an Intelligence Officer』（2021年、出版文化産業振興財団）
●手嶋龍一『スギハラ・サバイバル』（2021年、小学館）
●塩見允枝子『SHIOMI Mieko＋FLUXUS』（2022年、ときの忘れもの）
●中込光子訳『白鳥のおきさき GULBĖ KARALIAUS PATI』（2022年、Petro ofsetas）
●リーティス・ゼムカウスカス、木村文訳『暖かな夏の夜に、いかにかいじゅうは料理人のヴァシリアウスカスと幸せについて語ったのか』（2022年、Kaunas）
●内田莉莎子再話『リトアニア民話パンのかけらとちいさなあくま』（1992年、福音館書店）
●岐阜県八百津町『スギハラサバイバー証言集』（2022年、杉原千畝記念館）

●武田充司『リトアニア史余談122話』(2022年)
●サロメーヤ・ネリス、木村文訳『へびの王妃エグレ』(2021年、ふらんす堂)
●志摩園子『物語バルト三国の歴史　エストニア・ラトビア・リトアニア』(2004年、中央公論新社)
●ルータ・ヴァナガイテ、エフライム・ズロフ、重松尚訳『同胞　リトアニアのホロコースト　伏せられた歴史』(2022年、東洋書店新社)
●『リトアニア語　スピーディー・簡単・効率的』(2022年、Pinhok Languages)
●『リトアニア語　ボキャブラリー・ブック』(2022年、Pinhok Languages)
●口尾麻美『旅するインテリア　Pieces of Travel』(2022年、KENELE BOOKS)
●高橋文『命のビザで旅した子どもたち―暗やみから光さすほうへ』(2021年、岐阜新聞社)
●石郷岡建『杉原千畝とスターリン　ユダヤ人をシベリア鉄道へ乗せよ！　ソ連共産党の極秘決定とは？』(2022年、五月書房新社)
●白石仁章『命のビザ　評伝・杉原千畝　一人の命を救う者が全世界を救う』(2021年、ミネルヴァ書房)
●エバ・コロソヴァ、大山幸希子訳『ラトビア国家資格者が教えるヴィスキングの基礎と実践』(2022年リトルモア)

●地球の歩き方『世界のお菓子図鑑 113の国と地域&日本47都道府県のローカルおやつを食の雑学とともに解説』（2022年、Gakken）

●天然生活（2024年3月号）『心と体のいやし方』（2024年、扶桑社）

●地球の歩き方『バルトの国々 エストニア ラトヴィア リトアニア Baltic Countries』（2013-2014年、ダイヤモンド・ビッグ社）

●地球の歩き方『バルトの国々 エストニア ラトヴィア リトアニア Baltic Countries』（2015-2016年、ダイヤモンド・ビッグ社）

●地球の歩き方『バルトの国々 エストニア ラトヴィア リトアニア Baltic Countries』（2017-2018年、ダイヤモンド・ビッグ社）

●地球の歩き方『バルトの国々 エストニア ラトヴィア リトアニア Baltic Countries』（2019-2020年、ダイヤモンド・ビッグ社）

●木村文『デジタル時代の博物館 リトアニアにおけるデジタル化の受容と実践の現場から』（2023年、花伝社）

大使《たいし》が語《かた》るリトアニア

二〇二四年九月二四日 第一刷発行

著　者　オーレリウス・ジーカス

発行者　太田克史《おおたかつし》
編集担当　片倉直弥《かたくらなおや》

発行所　株式会社星海社
〒一一二-〇〇一三
東京都文京区音羽一-一七-一四 音羽YKビル四階
電　話　〇三-六九〇二-一七三〇
FAX　〇三-六九〇二-一七三一
https://www.seikaisha.co.jp

発売元　株式会社講談社
〒一一二-八〇〇一
東京都文京区音羽二-一二-二一
(販　売)〇三-五三九五-五八一七
(業　務)〇三-五三九五-三六一五

印刷所　TOPPAN株式会社
製本所　株式会社国宝社

アートディレクター　吉岡秀典《よしおかひでのり》(セプテンバーカウボーイ)
デザイナー　鯉沼恵一《こいぬまけいいち》(ピュープ)
フォントディレクター　紺野慎一《こんのしんいち》
図　版　ジェオ
校　閲　鷗来堂《おうらいどう》

ISBN978-4-06-536720-9
Printed in Japan

311
SEIKAISHA
SHINSHO

次世代による次世代のための

武器としての教養
星海社新書

星海社新書は、困難な時代にあっても前向きに自分の人生を切り開いていこうとする次世代の人間に向けて、ここに創刊いたします。本の力を思いきり信じて、**みなさんと一緒に新しい時代の新しい価値観を創っていきたい。若い力で、世界を変えていきたいのです。**

本には、その力があります。読者であるあなたが、そこから何かを読み取り、それを自らの血肉にすることができれば、一冊の本の存在によって、あなたの人生は一瞬にして変わってしまうでしょう。**思考が変われば行動が変わり、行動が変われば生き方が変わります。**著者をはじめ、本作りに関わる多くの人の想いがそのまま形となった、文化的遺伝子としての本には、大げさではなく、それだけの力が宿っていると思うのです。

沈下していく地盤の上で、他のみんなと一緒に身動きが取れないまま、大きな穴へと落ちていくのか？　それとも、重力に逆らって立ち上がり、前を向いて最前線で戦っていくことを選ぶのか？

星海社新書の目的は、**戦うことを選んだ次世代の仲間たちに「武器としての教養」をくばることです。**知的好奇心を満たすだけでなく、自らの力で未来を切り開いていくための〝武器〟としても使える知のかたちを、シリーズとしてまとめていきたいと思います。

2011年9月

星海社新書初代編集長　柿内芳文

SEIKAISHA SHINSHO